Die

Staatskonkurs-Aufgaben

für den

höheren Justiz- und Verwaltungsdienst

im

Königreich Bayern.

Die Aufgaben im Jahre 1900

nebst

den speziellen Aufgaben der Pfalz.

Mit hoher ministerieller Genehmigung.

München.
J. Schweitzer Verlag (Arthur Sellier).
1901.

Die

Staatskonkurs-Aufgaben

im Jahre

1900.

I. Aufgabe

aus dem bürgerlichen Rechte und dem Civilprozeßrechte für die Kandidaten in den Landesteilen rechts des Rheins.

(Landesrecht.)

1. Der Gutsbesitzer Martin von Hell hat im Jahre 1823 ein Familienfideikommiß errichtet und bestimmt, daß sich dieses nach dem Rechte der Erstgeburt vererben und daß diejenigen seiner Nachkommen, die sich mit einer nicht adeligen Dame verehelichen, von der Fideikommißfolge ausgeschlossen und, wenn sie bei Eingehung der Ehe schon im Besitze des Fideikommisses sind, gehalten sein sollen, das Fideikommiß an den nächsten Anwärter abzugeben. Dieses Fideikommiß ist von dem Appellationsgerichte bestätigt und in die Fideikommißmatrikel eingetragen worden.

Am 1. Januar 1900 ist der bisherige Besitzer des Fideikommisses, der älteste Sohn des Martin von Hell, August von Hell, gestorben.

Er hat drei Söhne hinterlassen:

Friedrich von Hell, geboren 1863,
Max von Hell, geboren 1864,
Otto von Hell, geboren 1865.

Friedrich von Hell ist im Jahre 1885, weil er von seinen Gläubigern bedrängt war, ohne Legitimationspapiere nach den Vereinigten Staaten von Amerika ausgewandert und hat dort im Jahre 1897 das Bürgerrecht erworben. Nach dem Tode seines Vaters hat er Amerika verlassen, sich in München niedergelassen und durch Aufnahme-Urkunde der Regierung von Oberbayern vom 1. Mai 1900 die bayerische Staatsangehörigkeit wieder erworben.

Max von Hell hat sich am 1. Juni 1900 mit der Tänzerin Anna Müller verehelicht.

Friedrich von Hell, Max von Hell und Otto von Hell beanspruchen die Nachfolge in das Fideikommiß und haben sich dahin geeinigt, daß das Fideikommiß einstweilen bis zum Ausgange des zu erhebenden Rechtsstreits von dem früheren Gutsbesitzer Maier verwaltet werde.

Gegen die Successionsfähigkeit des Friedrich von Hell machen Max von Hell und Otto von Hell geltend, daß Friedrich von Hell zur Zeit des Todes seines Vaters nicht die bayerische Staatsangehörigkeit und demzufolge auch nicht den bayerischen Adel besessen habe.

Friedrich von Hell erwiderte hiegegen, daß er nie aufgehört habe, ein Mitglied der adeligen Familie von Hell zu sein, und überdies die bayerische Staatsangehörigkeit am 1. Mai wieder erworben habe, so daß er jedenfalls von diesem Tage an in den Genuß des Fideikommisses zu treten habe.

Gegen die Erbfolge des Max von Hell machen Friedrich von Hell und Otto von Hell geltend, daß er eine Bürgerliche geheiratet habe; da diese Zuwiderhandlung gegen die Bestimmung des Stifters erfolgt sei, ehe Max von Hell in den Besitz des Fideikommisses getreten sei, habe Max von Hell das Fideikommiß überhaupt nicht erwerben können; unter allen Umständen hätte er es am 1. Juni 1900 abgeben müssen.

Max von Hell bemerkte, die Bestimmung über die Notwendigkeit der Verehelichung mit einer Adeligen widerspreche den Vorschriften der VII. Beilage zur Verfassungsurkunde, wonach unter allen Umständen als Successionsordnung die Erstgeburtsfolge vorgeschrieben sei; unter keinen Umständen sei es aber mit diesen Vorschriften vereinbar, daß ein Anwärter, der das Fideikommiß bereits erworben habe, dieses wieder herausgebe, und sich so eine Nachfolge in das Fideikommiß noch bei Lebzeiten des Besitzers eröffne.

Welche Ansprüche auf das Fideikommiß und dessen Nutzungen stehen den drei Brüdern Friedrich von Hell, Max von Hell und Otto von Hell zu?

2. Der Kaufmann Maier hat im Jahre 1899 zu gunsten einer Forderung von 310 ℳ im Wege der Zwangsvollstreckung eine Hypothek auf der Wiese seines Schuldners Müller Plan-Nummer 1 in Felden eintragen lassen.

Im Jahre 1900 hat er an das Amtsgericht Felden den Antrag gestellt, zu gunsten dieser Forderung auch auf einer Waldung des Müller, Plan-Nummer 2, in Felden und auf einem Weinberge des Müller Zwangshypothek vorzumerken.

Der Weinberg bestand aus zwei in verschiedenen Steuergemeinden gelegenen Plannummern, die auf einem Blatte des Hypothekenbuchs des Amtsgerichts Felden vorgetragen und bereits mit mehreren einheitlichen Hypotheken belastet waren. Für den Fall, daß das Amtsgericht Felden eine Verteilung der Forderung auf die Waldung und den Weinberg für notwendig erachte, so ist in dem Antrage gebeten, daß auf der Waldung und dem Weinberge je 155 ℳ vorgemerkt werden möchten.

Das Amtsgericht hat den Antrag zurückgewiesen,

a) weil für die Forderung des Maier nach dem 1. Januar 1900 auf weiteren, als den vor diesem Zeitpunkte belasteten Grundstücken, nur dann eine Hypothek im Wege der Zwangsvollstreckung vorgemerkt werden könne, wenn die Forderung auf alle Grundstücke, mithin auch auf Plan-Nummer 1 verteilt werde,
b) weil die Forderung ferner auf die einzelnen Plan-Nummern, aus denen der Weinberg bestehe, verteilt werden müsse, und
c) weil Beträge unter 300 ℳ auf den einzelnen Grundstücken überhaupt nicht eingetragen werden könnten.

Ist diese Entscheidung gerechtfertigt?

Bei der Beantwortung der Fragen haben die Kandidaten das Reichsrecht und das für die Landesteile rechts des Rheins geltende Landesrecht zu grunde zu legen.

Die Antworten sind zu begründen.

II. Aufgabe

aus dem bürgerlichen Rechte und dem Civilprozeßrechte.

1. Der ledige Kaufmann Franz Bauer ist durch rechtskräftiges Urteil schuldig erklärt worden, für den Unterhalt seines am 2. Januar 1900 geborenen unehelichen Kindes Marie Adler bis zu dessen vollendetem sechzehnten Lebensjahre eine für drei Monate vorauszahlbare Rente von monatlich dreißig Mark zu bezahlen.

Franz Bauer ist am 1. Mai 1900 unter Hinterlassung eines Reinvermögens von 6000 ℳ gestorben und von seinem gleichfalls ledigen Bruder Anton als einzigem gesetzlichen Erben beerbt worden.

Anton Bauer seinerseits war im Februar 1900 durch rechtskräftiges Urteil schuldig erklärt worden, für den Unterhalt seines am 10. Januar 1900 geborenen unehelichen Kindes Anna Maier bis zu dessen vollendetem sechzehnten Lebensjahre eine für drei Monate vorauszahlbare Rente von monatlich fünfzehn Mark zu entrichten. Außerdem hatte er sich im März 1900 unter Genehmigung des Vormundschaftsgerichts verpflichtet, für sein am 1. Februar 1900 geborenes uneheliches Kind Johann Müller bis zu dessen vollendetem sechzehnten Lebensjahre eine für drei Monate vorauszahlbare Rente von monatlich achtzehn Mark zu entrichten. Anton Bauer ist am 30. Mai 1900 ohne Hinterlassung von Verwandten gestorben und hat zum Erben seines Vermögens, das einschließlich der von Franz Bauer ererbten 6000 ℳ in 9000 ℳ Wertpapieren bestand, seinen Freund Karl Fischer eingesetzt, der die Erbschaft angenommen hat.

Welche Ansprüche haben die drei Kinder Marie Adler, Anna Maier und Johann Müller, die bisher keinerlei Zahlung erhalten haben, gegen Karl Fischer?

Kann Karl Fischer diese Kinder abfinden? mit welchen Beträgen etwa?

Wie wäre die Rechtslage dieser drei Kinder zu beurteilen, wenn den Aktiven des Nachlasses des Anton Bauer zu 9000 ℳ Schulden des Anton Bauer im Betrage von 10,000 ℳ gegenüberstünden und über den Nachlaß des Anton Bauer am 10. Juli 1900 der Konkurs eröffnet worden wäre?

2. Der Schriftsteller Anton Wurm hat am 2. Januar 1900 sein Urheberrecht an einem von ihm fertig gestellten Romane seiner Geliebten Anna Huber geschenkt und diese hat an demselben Tage das Urheberrecht an den Buchhändler Georg Maier um fünfhundert Mark, zahlbar am 2. Januar 1901, verkauft.

Am 3. Januar 1900 ist über das Vermögen des Anton Wurm und am 4. Januar 1900 über das Vermögen der Anna Huber der Konkurs eröffnet worden. Als Verwalter wurde im Konkurse über das Vermögen des Anton Wurm der Rechtsanwalt Mack und im Konkurse über das Vermögen der Anna Huber der Rechtsanwalt Scholl aufgestellt.

Mack ficht nun die Schenkung des Wurm an und verlangt, daß die Forderung der Huber gegen Maier an die Wurm'sche Konkursmasse abgetreten werde.

Scholl erwidert:

a) Durch die Schenkung sei kein Gläubiger des Wurm benachteiligt worden. Denn hätte Wurm das Urheberrecht nicht verschenkt, so stände es ihm noch zu und könnte als höchstpersönliches Recht weder einen Gegenstand der Zwangsvollstreckung bilden noch zu der Konkursmasse gezogen werden.

b) Keinenfalls stehe aber der Wurm'schen Konkursmasse ein Aussonderungsrecht zu, kraft dessen sie die Abtretung der Forderung gegen Maier verlangen könne, sondern höchstens ein Anspruch gegen Anna Huber, der in dem Konkurs anzumelden sei.

Wie ist zu entscheiden?

Die Fragen sind nach dem Reichsrechte zu beantworten. Die Antworten sind zu begründen.

III. Aufgabe

aus dem bürgerlichen Rechte und dem Civilprozeßrechte.

Der Kaufmann Anton Hopf in Wiesen hat am 2. Januar 1900 in einem eigenhändigen Testamente seine Geliebte Anna Schöck, mit der er in häuslicher Gemeinschaft lebte, zur alleinigen Erbin eingesetzt. An demselben Tage hat er seinem außerehelichen großjährigen Sohne Martin Schöck und vier Wochen später seinem außerehelichen großjährigen Sohne Oskar Schöck je 32,000 ℳ geschenkt und übergeben.

Anton Hopf ist am 10. Februar 1900 gestorben. Er hat hinterlassen:

1. eine Witwe Antonie Hopf, mit der er in Gütertrennung gelebt hat,
2. zwei durch nachfolgende Ehe legitimierte Kinder Anna und Elise seines am 30. Januar 1900 verstorbenen Sohnes Hugo, dem er bei dessen Verehelichung am 5. Januar 1900 eine Ausstattung von 16,000 ℳ mit der Bestimmung gegeben hatte, daß sein Sohn sich diese Ausstattung auf den Pflichtteil anrechnen lassen müsse,
3. drei Söhne Arnold, Karl und Joseph seines bereits im Jahre 1895 gestorbenen Sohnes Franz. Seinen Enkel Karl hat Anton Hopf, als Karl sich am 20. Januar 1900 verehelichte, 16,000 ℳ geschenkt und übergeben.

Anna Schöck hat nach dem Tode des Anton Hopf dessen Nachlaß, der 32,000 ℳ betrug, in Besitz genommen.

Welche Ansprüche können die Witwe und die Enkel des Anton Hopf gegen Anna Schöck, Martin Schöck und Oskar Schöck erheben?

Die Fragen sind nach dem Reichsrechte zu beantworten. Die Antworten sind zu begründen.

IV. Aufgabe

aus dem bürgerlichen Rechte und dem Civilprozeßrechte.

1. Der Landwirt und Viehhändler Arnold Adler hat im Januar 1900 bei dem Viehhändler Joseph Stein brieflich angefragt, ob Stein ihm nicht einen Ochsen, der vorerst noch einige Zeit im Zuge verwendet, dann aber geschlachtet werden solle, liefern könne. Zu derselben Zeit hat Stein dem Adler einen Brief geschrieben, worin er ihm mitteilte, daß er einen Schlachtochsen zu verkaufen habe. Die beiden Briefe, des Adler und des Stein, sind nicht in die Hände der Adressaten gelangt.

Bei der mündlichen Besprechung am 1. Februar 1900 sind Adler und Stein über den Preis einig geworden und Adler hat den Ochsen gegen Zahlung des Preises in Empfang genommen. Adler und Stein, die beide glaubten, daß ihre Briefe an ihre Adresse gelangt seien, haben aus diesem Grunde über den Zweck des Kaufes des Ochsen nicht gesprochen. Stein war der Meinung, daß Adler den Ochsen zum Zwecke des alsbaldigen Schlachtens kaufe, während Adler glaubte, es sei dem Stein bekannt, daß er den Ochsen vorerst noch einige Zeit im Zuge verwenden wollte. Schon nach einer Woche stellte sich heraus, daß der Ochse tuberkulos erkrankt war und daß durch diese Erkrankung eine allgemeine Beeinträchtigung des Nährzustandes des Ochsen herbeigeführt war. Adler ließ sofort den Ochsen schlachten; hierbei ergab sich, daß in Folge der tuberkulosen Erkrankung des Ochsen nur drei Fünftel des Schlachtgewichts als Nahrungsmittel für Menschen geeignet waren.

Ferner hat Joseph Stein an die Bauern Jakob und Johann Sturm am 2. Januar 1900 je ein Schwein verkauft und hiebei die Bauern ausdrücklich gefragt, ob sie die Schweine zum Zweck der Zucht oder zum Zweck der alsbaldigen Schlachtung kauften. Jakob und Johann Sturm haben hierauf erwidert, daß sie sich über die Verwendung der Schweine noch nicht schlüssig gemacht hätten. Am 4. Januar 1900 entschloß sich Jakob Sturm, das gekaufte Schwein zu schlachten; beim Schlachten stellte sich heraus, daß das Schwein an Trichinose litt. Johann Sturm wollte das von ihm gekaufte Schwein zur Zucht verwenden; es verendete aber schon am 10. Januar 1900 an Schweineseuche.

Endlich hat Stein am 7. Januar 1900 ein Schwein an den Bauern Ignaz Wimmer zum alsbaldigen Schlachten verkauft. Das Schwein wurde, als es am 8. Januar 1900 in den Schlachthof gebracht werden sollte, von der Trambahn überfahren und völlig zerquetscht, so daß sein Fleisch zum Genusse für Menschen unbrauchbar wurde. Bei der ärztlichen Untersuchung stellte sich herans, daß das Schwein an Finnen gelitten hatte.

Welche Ansprüche können Arnold Adler, Jakob Sturm, Johann Sturm und Ignaz Wimmer gegen Joseph Stein erheben?

---

2. Die Witwe Anna Holl in Wiesen, die als alleinige Erbin ihres im Januar 1900 gestorbenen Mannes Friedrich Holl dessen Spezereigeschäft unter der Firma Friedrich Holl fortführte, hat im März 1900 dem Kaufmann Joseph Maier in Felden, Auenstraße Nr. 100 wohnhaft, für 200 ℳ Waaren geliefert und im Juni 1900 den Rechtsanwalt Müller in Felden in einem „Friedrich Holl“ unterzeichneten

Briefe beauftragt, gegen Joseph Maier Klage zu erheben. Müller, der den Kaufmann Friedrich Holl von dem er Generalvollmacht in Händen hatte, wiederholt vertreten und von dessen Tode nichts erfahren hatte, erhob hierauf „namens des Kaufmanns Friedrich Holl in Wiesen" „gegen den Kaufmann Joseph Maier in Felden, Auenstraße Nr. 100 wohnhaft" Klage zum Amtsgerichte Felden. Die Klage wurde vom Gerichtsvollzieher einem Kaufmanne Joseph Maier, der in Felden Auenstraße Nr. 100 wohnte, persönlich zugestellt. Dieser Joseph Maier hatte aber von der Firma Friedrich Holl niemals Waaren bezogen; der Kaufmann Joseph Maier, dem die Waaren geliefert worden waren, hatte bereits im April 1900 die Wohnung in der Auenstraße Nr. 100 verlassen und war inzwischen gestorben.

In dem zur Verhandlung vor dem Amtsgerichte Felden bestimmten Termine vom 2. Oktober 1900 machte Rechtsanwalt Sick, der Vertreter des Joseph Maier, geltend, daß ein Kaufmann Friedrich Holl in Wiesen nicht existiere, und beantragte deshalb, die Klage abzuweisen und die Firma Friedrich Holl und den Rechtsanwalt Müller solidarisch zur Tragung der Kosten zu verurteilen.

Der Rechtsanwalt Müller erklärte, er stelle für die Firma Friedrich Holl keinen Antrag, mache aber das Gericht aufmerksam, daß die Klage gar nicht gegen den im Termine vertretenen Joseph Maier gerichtet gewesen sei und daß dieser darum in der Sache nicht auftreten könne. Nach dieser Erklärung verließ Rechtsanwalt Müllr den Sitzungssaal, worauf Rechtsanwalt Sick seine Anträge wiederholte und auf Entscheidung des Gerichts bestand.

Wie hat diese Entscheidung zu lauten?

Die Fragen sind nach dem Reichsrechte zu beantworten. Die Antworten sind zu begründen.

V. Aufgabe
aus dem bürgerlichen Rechte und dem Civilprozeßrechte.

1. Am 3. Januar 1900 wurden aus dem Schlosse des Gutsbesitzers Arnold von Adler folgende Papiere entwendet:

1. ein auf Arnold von Adler lautender Depositenschein der bayerischen Kreditbank vom 2. Januar 1900 über ein verschlossenes Depot, enthaltend Wertpapiere im angegebenen Betrage von 40,000 ℳ. In Ansehung der Rückgabe war in dem Depositenscheine bestimmt, daß die Bank durch die Leistung an den Inhaber frei werde und nicht verpflichtet sei, die Legitimation des Inhabers zu prüfen;
2. ein Reichsbankanteilschein nebst zehn halbjährigen Dividendenscheinen vom 1. Juli 1900 ab und einem Talon zur Abhebung neuer Dividendenscheine vom 1. Juli 1905;
3. eine auf den Namen des Arnold von Adler lautende Aktie der Aktiengesellschaft „Bazar" in Felden nebst zehn halbjährigen Dividendenscheinen vom 1. Juli 1900 ab bis 1. Januar 1905 und Talon;
4. ein Schuldschein des Kaufmanns Albert Roth in Wiesen über ein am 1. März 1910 rückzahlbares Darlehen von 1000 ℳ;
5. zwei auf den Inhaber lautende Pfandbriefe der bayerischen Kreditbank zu 1000 ℳ nebst zehn halbjährigen Zinsscheinen vom 1. Juli 1900 ab bis 1. Januar 1905 und einem Erneuerungsscheine. Der eine dieser Pfandbriefe war auf den Namen des Arnold von Adler umgeschrieben.

Bezüglich der Umschreibung auf Namen war auf den Pfandbriefen folgende Bestimmung der Statuten der bayerischen Kreditbank abgedruckt:

Pfandbriefe, nicht aber Zins- und Erneuerungsscheine, können auf den Namen umgeschrieben werden. Eine

Rückzahlung des Kapitals findet ohne Vorlage des Pfandbriefs auch dann nicht statt, wenn der Pfandbrief auf den Namen umgeschrieben ist.

6. ein weiterer auf den Inhaber lautender Pfandbrief dieser Bank zu 1000 ℳ; die hiezu gehörenden halbjährigen Zinsscheine vom 1. Juli 1900 ab bis 1. Jänuar 1905 und der Erneuerungsschein befinden sich im Besitze des Arnold von Adler;
7. eine bayerische Staatsschuldverschreibung über 1000 ℳ auf den Namen des Arnold von Adler lautend, mit zehn Zinsscheinen vom 1. Juli 1900 ab bis 1. Januar 1905 und einem Erneuerungsscheine.

Welche dieser Papiere können für kraftlos erklärt werden?

Wann kann das Aufgebot für die einzelnen Papiere erwirkt werden und wie ist der Aufgebotstermin zu bestimmen?

Welche Schritte hat Arnold von Adler bezüglich derjenigen Papiere zu thun, die nicht für kraftlos erklärt werden können, um vom Aussteller die versprochene Leistung zu erhalten?

2. Der Kaufmann Anton Klein in Felden hat laut notarieller Urkunde vom 2. Januar 1900 sein Handelsgeschäft an den Kaufmann Max Stein verkauft und diesem die Fortführung der Firma gestattet. Max Stein hat die Firma Anton Klein mit dem Zusatze: Max Stein Nachfolger weitergeführt. Am 1. Oktober 1900 hat Max Stein das Geschäft an den belgischen Staatsangehörigen Charles Leroy weiter veräußert und diesem die Fortführung der Firma gestattet.

Leroy hat hierauf bei dem Amtsgericht in Felden angemeldet, daß er das Geschäft unter der Firma: „Anton Klein Charles Leroy successeur“ weiterführe.

Das Amtsgericht Felden hat jedoch die Eintragung der Firma abgelehnt, da

1. nicht nachgewiesen sei, daß Klein dem Stein das Recht eingeräumt habe, bei der Weiterveräußerung des Geschäfts dem neuen Erwerber auch die Weiterführung der Firma zu erlauben,
2. ferner Leroy, der nicht Nachfolger der Firma Anton Klein, sondern Nachfolger der Firma „Anton Klein Max Stein Nachfolger" sei, nur diese letztere Firma, nicht aber die Firma Anton Klein weiter führen dürfe, und
3. endlich das Nachfolgeverhältnis nur durch einen Zusatz in deutscher Sprache, nicht durch den Zusatz „successeur" angedeutet werden dürfe.

Gegen diesen Beschluß ergriff Charles Leroy Beschwerde zum Landgerichte Felden. Er wies nach, daß über das Vermögen des Anton Klein und Max Stein inzwischen der Konkurs eröffnet wurde, legte zwei notarielle Urkunden vor, worin die beiden Konkursverwalter erklärten, daß sie gegen die Weiterführung der Firma in der von Leroy beabsichtigten Form nichts zu erinnern hätten, und machte weiter geltend, daß er an der Führung der Firma ohne den Zusatz „Max Stein Nachfolger" ein großes Interesse habe, da er sonst auch für die während des Geschäftsbetriebs des Max Stein entstandenen Verpflichtungen hafte, deren Uebernahme er bei dem Erwerbe des Geschäfts ausdrücklich abgelehnt habe. Daß das Firmenregister nur deutsche Einträge enthalten dürfe, sei nirgends bestimmt. Eventuell bitte er die Firma „Anton Klein Max Stein Nachfolger Charles Leroy successeur" einzutragen.

Wie ist zu entscheiden?

Wäre Leroy zur Fortführung der Firma „Anton Klein Max Stein Nachfolger" berechtigt, wenn Anton Klein mit Max Stein vereinbart hätte, daß dieser bei der Weiterveräußerung des Geschäfts die Fortführung der Firma nicht gestatten dürfe, Max Stein aber trotzdem unter

Verschweigung der von ihm mit Anton Klein getroffenen Abrede dem Charles Leroy die Fortsetzung der Firma gestattet hätte?

Bei der Beantwortung der Aufgabe ist das Reichsrecht und das für das ganze Königreich geltende Landesrecht anzuwenden. Die Antworten sind zu begründen.

I. Aufgabe
aus dem Strafrecht und dem Strafprozeßrechte.

I.

Die Stadtgemeinde Friedrichshöhe hat in einem ihr gehörenden Gebäude ein sogenanntes „historisches Museum" eingerichtet. Die Schätze dieses Museums stehen im Eigentume der Gemeinde. Sie sind in drei Sälen untergebracht, von denen sich einer im Erdgeschosse befindet. Im Saale des Erdgeschosses stehen mehrere stets versperrte Schaukästen, worin seltene Münzen aufbewahrt werden. Die Sammlungen des Museums können vom Publikum an jedem Vormittage besichtigt werden. Während der Besichtigungszeit wacht in jedem Saal ein städtischer Bediensteter darüber, daß die Gegenstände der Sammlungen nicht beschädigt oder entwendet werden. Die drei Bediensteten, denen die Aufsicht in den drei Sälen übertragen ist, werden zu anderen Diensten als im Museum nicht verwendet. Sie sind von der Stadtgemeinde mit einem ständigen Gehalt angestellt und mit Pensionsansprüchen ausgestattet. Einer der drei Aufseher ist als Oberaufseher bestellt; er hat eine Dienstwohnung in einem Seitenflügel des Museumsgebäudes. Zu den Dienstesobliegenheiten des Oberaufsehers gehört neben der Aufsicht im Saale des Erdgeschosses die Verwahrung der Schlüssel zu allen Thüren des Gebäudes und zu allen Schaukästen in den Sälen; er allein hat die von der Straße in das Gebäude führende Hauptthüre und die Thüren in die Säle zu öffnen und nach der Besichtigungszeit zu schließen. Durch die Dienstesvorschriften ist dem Oberaufseher verboten, irgend einen der von ihm zu verwahrenden Schlüssel ohne Genehmigung des Bürgermeisters den zwei anderen Aufsehern oder dritten Personen zu überlassen. Während der Nachtzeit ist das Gebäude unbeaufsichtigt; der Oberaufseher ist zur Nachtwache darin nicht verpflichtet.

Im Sommer des Jahres 1899 waren die städtischen Bediensteten Adler und Treu als Museumsaufseher aufgestellt und war die Stelle des Oberaufsehers dem Bediensteten Keller übertragen. Die drei Aufseher wurden am 1. August 1899 von dem Bürgermeister davon benachrichtigt, daß ein Schlossermeister beauftragt sei, spätestens bis zum 1. September 1899 das Schloß zur Hauptthüre in das Gebäude und die Schlösser zu den drei Sälen und zu den Schaukästen durch neue Sicherheitsschlösser zu ersetzen.

Die Stadt Friedrichshöhe liegt im Bezirke des Landgerichts Braunstadt.

II.

Der Antiquitätenhändler Stein in Friedrichshöhe wurde am 10. August 1899 von einem durch die Stadt reisenden Engländer beauftragt, ihm noch im Laufe des August gegen Zahlung einer hohen Summe zwei genau bezeichnete Goldmünzen aus der römischen Kaiserzeit käuflich zu verschaffen. Stein wußte, daß sich in der Münzensammlung des historischen Museums zu Friedrichshöhe zwei Münzen der ihm bezeichneten Sorte befinden und kannte ihren Aufbewahrungsplatz in einem der Schaukästen des ebenerdigen Saales; er beschloß, die Münzen zu stehlen. Am 12. August teilte Stein seinen Entschluß dem mit ihm befreundeten Aufseher Adler mit und versprach ihm eine Belohnung von zweihundert Mark, wenn er ihm die Wachsabdrucke von den Schlüsseln verschaffen würde, die zur ordnungsmäßigen Eröffnung der Hauptthüre in das Museumsgebäude, der Thüre in den Saal des Erdgeschosses und des Schlosses zu dem die zwei Goldmünzen bergenden Schaukasten bestimmt sind. Adler sagte dem Stein, daß sich die fraglichen Schlüssel in der Verwahrung des Oberaufsehers befinden und daß dieser keinen Schlüssel ohne Genehmigung des Bürgermeisters aus der Hand geben dürfe, und bat sich eine Bedenkzeit aus. Er zog am 13. August 1899 den Oberaufseher Keller ins Vertrauen. Keller und Adler heckten den Plan aus, daß Adler dem Stein die verlangten Abdrucke liefern, die von Stein zu zahlende Belohnung mit Keller teilen, dieser aber bis zur Anbringung der neuen Sicherheitsschlösser jede Nacht im Saale des Erdgeschosses wachen solle, um den Stein verjagen zu können, wenn er an die Ausführung des Diebstahls aus dem Schaukasten schreiten wollte. Zur Ausführung des Plans stellten Adler und Keller in gemeinschaftlichem Zusammenwirken von den in Frage kommenden Schlüsseln Wachsabdrucke her. Adler händigte im festen Vertrauen darauf, daß es zu einer Entwendung der Münzen nicht kommen werde, die Abdrucke am 14. August 1899 dem Stein aus. Dieser hatte von den Abmachungen Adlers mit Keller keine Ahnung und zögerte daher nicht, dem Adler die versprochene Summe zu zahlen. Adler gab unverzüglich die Hälfte des empfangenen Geldes dem Keller. Dieser versprach ihm mit aller Bestimmtheit, die Zusage des Haltens der Nachtwache im Saale des Erdgeschosses pünktlich erfüllen zu wollen. Keller hielt auch in der Nacht vom 14. auf den 15. August 1899 die Wache, aber die Nacht verstrich ohne einen Zwischenfall.

In Folge der Nachtwache fühlte sich Keller am Abende des 15. August etwas müde. Obwohl er sich bei einiger Überwindung hätte frisch erhalten können, beschloß er doch, in der Nacht vom 15. auf 16. August die Wache im Saale der Münzsammlung zu unterlassen; er beruhigte sich bei dem Gedanken, daß Stein vielleicht auch in dieser Nacht nicht komme und daß, auch wenn er kommen und den Diebstahl ausführen sollte, niemand auf den Gedanken verfallen werde, es sei dem Stein die Ausführung der That durch Aufseher des Museums erleichtert worden. Gerade aber in der Nacht vom 15. auf den 16. August 1899 führte Stein seinen Entschluß mit Hilfe der Schlüssel aus, die er nach den von Adler gelieferten Wachsabdrucken hatte herstellen lassen. Er öffnete mit den Nachschlüsseln die Hauptthüre in das Museumsgebäude, die Thüre in den ebenerdigen Saal und in diesem das Schloß an dem Schaukasten, worin die zwei Goldmünzen lagen, griff mit rascher Hand an die Stelle des Kastens, die er als den Aufbewahrungsplatz der Münzen kannte, nahm die an diesem Platz offen daliegenden Münzen und barg das, was er genommen hatte, in der Tasche seines Rockes. Darauf sperrte Stein das Schloß des Schaukastens, die Saalthüre und die Hauptthüre wieder ab und gelangte ungefährdet auf die Straße. Nach wenigen Schritten begegnete Stein dem auf der Heimkehr vom Gasthause begriffenen Aufseher Treu, den zwar er nicht kannte, dem aber er bekannt war. Treu ahnte nichts schlimmes; er ließ den Stein des Weges ziehen. Stein eilte zu einer brennenden Straßenlaterne, besichtigte den Inhalt seiner Rocktasche und überzeugte sich davon, daß er die von ihm gewollten zwei Goldmünzen, in der Eile und aus Versehen aber auch eine kleine römische Silbermünze erwischt habe; er warf diese, da sie nur einen geringen Wert hatte, in den nahe vorbeiströmenden tiefen Fluß.

III.

Am Morgen des 16. August 1899 machte der Oberaufseher Keller die Entdeckung, daß aus dem Schaukasten die zwei Goldmünzen und die kleine Silbermünze fehlen. Nahe der Stelle, an der die drei Münzen gelegen waren, lag noch eine sehr seltene Goldmünze, die einen Wert von dreihundert Mark hatte. Keller beschloß, diese Münze sich zuzueignen. Obwohl er den Schlüssel zum Schlosse des Schaukastens bei sich trug, hielt er es, um jeden Verdacht von sich abzulenken, für geratener, das Glas des Schaukastens zu durchstoßen und dadurch den Glauben zu erwecken, daß ein Besucher des Museums den Kasten gewaltsam erbrochen habe. Keller entnahm der Waffensammlung des Museums einen Dolch, durchstieß damit das Glas des Schaukastens, nahm aus diesem die Goldmünze und steckte sie zu sich; er brachte den Dolch an die Stelle zurück, von der er ihn genommen hatte.

IV.

Noch ehe der Aufseher Adler am Vormittage des 16. August den Dienst im Museum antrat, erzählte ihm der Aufseher Treu die nächtliche Begegnung mit Stein. Im Laufe des Vormittags sagte der Oberaufseher Keller dem Adler unter vier Augen, er habe wegen Übermüdung in der vergangenen Nacht im Saale des Erdgeschosses nicht gewacht und soeben entdeckt, daß — ohne Zweifel in der vergangenen Nacht — in diesem Saale das Glas eines Schaukastens durchbrochen worden sei und aus dem Kasten drei Goldmünzen und eine Silbermünze entwendet worden seien; Adler teilte die Anschauung Keller's, daß Stein die Münzen entwendet habe. Keller äußerte die Absicht, das Vorkommnis dem Bürgermeister anzuzeigen, damit dieser von der Sache wisse, wenn er am kommenden 1. Oktober den Jahressturz der Gegenstände der Museumssammlung vornehme.

Adler riet dem Keller, die Anzeige zu unterlassen. Er setzte ihm auseinander, daß sich mit Rücksicht auf die Wahrnehmung des Treu der Verdacht gegen Stein richten, dieser bezüglich der Wachsabdrucke kaum reinen Mund halten werde und daher ihnen beiden die Gefahr drohe, in ein Strafverfahren verwickelt und mit ihrem Vermögen zur Deckung des der Stadtgemeinde zugegangenen Schadens herangezogen zu werden. Adler erinnerte sich, daß vor mehreren Jahren auf Kosten der Stadtgemeinde aus einem minderwertigen Metalle täuschend ähnliche Nachbildungen der Münzen des Museums hergestellt wurden. Er schlug vor, daß Keller und er sich die Nachbildungen der vier fehlenden Münzen verschaffen und an die Stelle der fehlenden in den Schaukasten legen, damit der Bürgermeister bei der Vornahme des Sturzes getäuscht und auf diese Weise erreicht werde, daß Stein und sie beide straflos ausgehen und vor jedem Schaden bewahrt werden. Keller billigte den Vorschlag.

Die Nachbildungen der Münzen waren in einem Schranke des Speichers des Museumsgebäudes aufbewahrt. Die Thüre zu diesem Speicher ist stets versperrt. Der Bürgermeister verwahrt den Schlüssel zur Thüre in seinem Arbeitszimmer, das im Rathause von Friedrichshöhe liegt. Als am Abende des 17. August 1899 der Bürgermeister das Arbeitszimmer verlassen und abgesperrt hatte, verschaffte sich Keller mittels eines Dieterichs den Zutritt zu diesem Zimmer und nahm daraus den an einer Wand hängenden Speicherschlüssel mit sich fort. Er gab den Schlüssel am 18. August 1899 dem Adler, dem er erzählte, auf welche Weise er sich den Schlüssel verschafft habe, und den er ersuchte, die Nachbildungen vom Speicher zu holen. Adler öffnete mit dem Schlüssel die Thüre des Speichers, nahm aus dem offenen Schranke die Nachbildungen der vier fehlenden Münzen und brachte sie dem Keller. Dieser legte die nachgebildeten vier Münzen an die Stelle der fehlenden in den Schaukasten und ersetzte dessen durchbrochenes Glas auf seine Kosten durch ein neues. Keller wußte zu bewirken, daß der Speicherschlüssel in das Arbeitszimmer des Bürgermeisters zurückgebracht wurde.

Unvermutet nahm der Bürgermeister schon am 20. August 1899 den Sturz der Gegenstände des Museums vor. Keller mußte ihm Stück für Stück der Sammlungen vorzeigen, damit festgestellt werden konnte, daß die im Sammlungsverzeichnis aufgeführten Gegenstände noch vorhanden sind. Keller zeigte auch die Nachbildungen der vier fehlenden Münzen dem Bürgermeister vor. Dieser hielt die vorgezeigten Münzen für die echten. Stein, von Reue ergriffen, erschien am 21. August 1899 beim Bügermeister und bot ihm für das historische Museum zwei Goldmünzen — eben die von ihm gestohlenen — als Geschenk an. Der Bürgermeister lehnte die Annahme der Münzen ab, weil er sich Tags zuvor beim Sturze der Münzensammlung davon überzeugt habe, daß das Museum ganz die gleichen Münzen schon besitze. Stein verkaufte die Münzen am 22. August 1899 an den Engländer, der ihn beauftragt hatte, sie ihm zu verschaffen. Er verließ am 23. August heimlich die Stadt. Am 1. September 1899 erhielt Adler einen in Bremen aufgegebenen Brief, worin ihm Stein schrieb, er beabsichtige sich unter einem falschen Namen in der neuen Welt niederzulassen.

V.

Der Bürgermeister von Friedrichshöhe benachrichtigte am 2. September 1899 die Aufseher des Museums davon, daß in den nächsten Tagen der Professor Dr. Johannes, ein Münzenkenner von Weltruf, das Museum besichtigen werde und beauftragte den Oberaufseher, dem Professor auf Verlangen die Schlüssel zu den Schaukästen zu überlassen. In Folge dieser Nachricht gerieten Keller und Adler in Angst vor der Entdeckung ihrer Streiche. Nach einer längeren Beratung durchbrachen sie im Saale des Erdgeschosses des Museums das Glas des Schaukastens, worin die vier nachgebildeten Münzen lagen, entfernten diese aus dem Kasten, versteckten sie in einem Schranke desselben Saales und erstatteten am 4. September 1899 an die Polizeibehörde von Friedrichshöhe schriftlich eine gemeinsam von ihnen verfaßte und unterzeichnete Anzeige, die folgenden Inhalt hatte:

„Der Oberaufseher Keller überzeugte sich am Abende des 3. September 1899 davon, daß die Hauptthüre in das Museumsgebäude, die Thüre in den ebenerdigen Saal und in diesem alle Schaukästen abgesperrt waren. Als er und Adler am Morgen des 4. September 1899 den Dienst antraten, fanden sie, daß die beiden Thüren schon aufgesperrt waren, daß im ebenerdigen Saale das Glas eines Schaukastens, der sich versperrt zeigte, durchstoßen war und daß aus dem Kasten drei Goldmünzen im Werte von tausend Mark und eine Silbermünze von geringem Werte fehlen. Es besteht der Verdacht, daß der Antiquitätenhändler Stein in der Nacht vom 3. auf 4. September 1899 mittelst Nachschlüsseln die Hauptthüre in das Museumsgebäude und die Thüre in den Saal des Erdgeschosses öffnete, in diesem Saale das Glas des Schaukastens durchstieß und daraus die vier Münzen stahl. Dieser Verdacht stützt sich darauf, daß der Aufseher Treu schon in der Nacht vom 15. auf den 16. August 1899 dem Stein in der Nähe des Museums begegnete und darauf, daß Stein, der früher nie das Museum besichtigte, am Vormittage des 3. September 1899 von dem Oberaufseher Keller und dem Aufseher Adler beobachtet wurde, als er sich an dem Schaukasten zu schaffen machte, aus dem die Münzen in der Nacht darauf abhanden kamen."

Bei der Erstattung dieser Anzeige wußte Adler nicht, daß sich Keller eine Goldmünze angeeignet habe; eine Erfindung beider war die Behauptung, daß Stein am Vormittage des 3. September im Museum war.

VI.

Stein kehrte, aller Mittel entblößt, am 4. November 1899 nach Friedrichshöhe zurück. Er wurde am folgenden Tag auf Grund des vom Amtsgerichte Friedrichshöhe erlassenen Haftbefehls festgenommen; dem Amtsrichter vorgeführt, leugnete er, in der Nacht vom 3. auf den 4. September 1899 eine strafbare Handlung verübt zu haben. Der Staatsanwalt bei dem Landgerichte Braunstadt erhob durch Einreichung einer Anklageschrift gegen Stein die öffentliche Klage; er bezeichnete in der Anklageschrift auf Grund der von Keller und Adler erstatteten Anzeige die dem Stein zur Last gelegten Thaten unter Hervorhebung ihrer gesetzlichen Merkmale und der anzuwendenden Strafgesetze und gab als Zeugen die Aufseher Adler und Treu sowie den Oberaufseher Keller an. Das Landgericht eröffnete am 14. November 1899 gegen Stein wegen des von ihm in der Nacht vom 3. auf den 4. September 1899 begangenen Verbrechens des Diebstahls nach § 243 Nr. 2 und 3 des Strafgesetzbuchs und wegen Sachbeschädigung das Hauptverfahren entsprechend dem Antrage des Staatsanwalts. Zur

Hauptverhandlung gegen Stein vor der Strafkammer des Landgerichts Braunstadt wurde Termin auf den 28. November 1899 anberaumt. Als Stein zum Termin vorgeführt wurde, glaubte er in dem vor dem Gerichtssaale stehenden Oberaufseher Keller den Aufseher Treu zu erkennen. Er trat an Keller heran und flüsterte ihm zu, er möge gegen eine gute Belohnung bei der eidlichen Vernehmung als Zeuge doch sagen, daß er sich in der Nacht vom 15. auf 16. August 1899 bezüglich der Person geirrt habe, die ihm in der Nähe des Museumsgebäudes begegnet sei und daß er nicht behaupten könne, diese Person sei Stein gewesen. Ehe Keller eine Antwort geben konnte, wurde Stein von dem Gendarm, der ihn vorführen mußte, von der Seite des Kellers gerissen.

Stein beteuerte in der Hauptverhandlung, daß er in der Nacht vom 3. auf den 4. September 1899 einen Diebstahl in Friedrichshöhe nicht habe verüben können, weil er sich in dieser Nacht auf hoher See befunden habe.

Als der Aufseher Adler vom Vorsitzenden des Gerichts aufgefordert wurde, Zeugnis zu leisten und vor der Vernehmung zu schwören, begann er zu zittern; er erklärte, einen Meineid nicht leisten zu wollen und legte für seine Person ein umfangreiches Geständnis ab. Ebenso gestand der Oberaufseher Keller alles, was er in der Sache that, seitdem er von Adler ins Vertrauen gezogen worden war. Schließlich gab auch Stein die Behauptungen des Adler und des Keller, soweit sie ihn betrafen, als richtig zu.

I. Welcher strafbaren Handlung machten sich Stein, Adler und Keller schuldig?

Soweit Handlungen vorliegen, deren Verfolgung nur auf Antrag eintritt, ist anzunehmen, daß dieser Antrag rechtzeitig und in der vorgeschriebenen Form gestellt wurde.

II. Wie ist das durch den Beschluß des Landgerichts Braunstadt vom 14. November 1899 eröffnete Verfahren zu erledigen und wie ist Stein wegen der von ihm inhaltlich seines Geständnisses begangenen strafbaren Handlungen zur Aburteilung zu bringen?

Die Antworten sind zu begründen.

II. Aufgabe

aus dem Strafrecht und dem Strafprozeßrechte.

Der Sekretariatsgehilfe Mündler und der Gerichtsschreibergehilfe Straub, die bei dem Amtsgerichte Neudorf beschäftigt waren, gerieten am 3. März 1899 im Gasthause zu Neudorf in Streit; im Laufe des Streites wurde Mündler von Straub beschimpft. Am Vormittage des 2. Juni 1899 beauftragte Mündler die Rechtsanwälte Adler und Stein, die in Neudorf eine gemeinsame Kanzlei haben, für ihn gegen Straub die Privatklage wegen Beleidigung zu erheben. Die Anwälte forderten den Mündler auf, die im § 420 der Strafprozeßordnung vorgeschriebene Bescheinigung beizubringen. Mündler ersuchte den Bürgermeister von Neudorf, den Straub aufzufordern, unverzüglich vor ihm zu erscheinen, damit die Sühne zwischen Mündler und ihm versucht werden könne. Der Bürgermeister hielt die Anberaumung des Sühnetermins für überflüssig, weil ihm Straub einige Wochen vorher bei der Begegnung auf der Straße gesagt hatte, er würde der Ladung zu einem allenfallsigen Sühnetermine nicht Folge leisten, er lehnte daher das Ersuchen des Mündler ab, schrieb aber das folgende Zeugnis:

„Auf Verlangen des Sekretariatsgehilfen Mündler in Neudorf ließ ich behufs Vornahme des im § 420 der Strafprozeßordnung vorgeschriebenen Sühneversuchs den Gerichtsschreibergehilfen Straub in Neudorf auf den 10. Mai 1899 vormittags 11 Uhr vorladen. Straub wurde zu diesem Termine richtig geladen. Im Termin erschien nur Mündler, Straub blieb im Termin aus".

versah das Schriftstück mit seiner Unterschrift und mit dem

Gemeindesiegel und gab es dem Mündler. Dieser las das Zeugnis und sandte es durch einen Boten seinen Anwälten.

Rechtsanwalt Adler fertigte darauf unverzüglich die Anklageschrift gegen Straub. Er gab sie nebst zwei Abschriften und nebst dem vom Bürgermeister ausgestellten Zeugnis und der Urkunde über die von Mündler ihm und dem Rechtsanwalte Stein erteilte Vollmacht dem Ausgeher Brand mit dem Bemerken, diese sämtlichen Schriftstücke bei der Gerichtsschreiberei des Amtsgerichts Neudorf einzureichen. Die Anklageschrift und die beiden Abschriften der Anklageschrift waren von dem Rechtsanwalt Adler unterzeichnet.

Brand betrat kurz vor dem Ablaufe der fünften Abendstunde des 2. Juni 1899 das Amtsgerichtsgebäude zu Neudorf. Vor der Thüre, die in die Geschäftsräume der Gerichtsschreiberei des Amtsgerichts führt, begegnete dem Brand der Sekretariatsgehilfe Mündler. Dieser nahm dem Brand die Schriftstücke, die er trug, aus der Hand und überzeugte sich davon, daß sie sich auf die Privatklage gegen Straub beziehen; er gab sie dem Brand zurück und sah, daß dieser mit den Schriftstücken in die Geschäftsräume der Gerichtsschreiberei ging. Von diesen Räumen war augenblicklich der mit der Leitung der Gerichtsschreiberei betraute Sekretär Stadler abwesend, da er in einem Hause zu Neudorf einen Nachlaß zu versiegeln hatte; auch der dem Sekretär zugeteilte Rechtspraktikant Kraus war nicht zur Stelle, da der Ober-Amtsrichter seiner Dienste benötigte. Dagegen befand sich dort der Gerichtsschreibergehilfe Straub, der seinen Arbeitsplatz im Geschäftszimmer des Amtsrichters Stürmer hatte und von diesem in die Gerichtsschreiberei geschickt worden war, damit er ein Register nachschlage. Der Ausgeher Brand hielt den Straub für den zur Empfangnahme einzureichender Schriftstücke berechtigten Beamten; er sagte dem Straub, daß er Schriftstücke in einer sehr dringlichen Sache einzureichen habe, in der die Frist dem Ablaufe nahe sei. Straub forderte den Brand auf, die Schriftstücke auf einen der im Zimmer stehenden Tische zu legen und versprach ihm, den Sekretär von der Einreichung der Schriftstücke zu benachrichtigen. Brand legte diese auf den nächst dem Arbeitstische des Sekretärs stehenden mit Akten beladenen Tisch.

Als Brand fortgegangen war, schickte sich Straub an, die von Brand niedergelegten Schriftstücke auf den Arbeitstisch des Sekretärs zu verbringen. Ein kurzer Blick, den er auf die Schriftstücke warf, überzeugte ihn davon, daß sie sich auf die im Auftrage des Mündler gegen ihn erhobene Privatklage beziehen. Straub wußte, daß die Frist zur Stellung des Strafantrags wegen Beleidigung gegen ihn mit dem Ablaufe des 2. Juni 1899 endigt; er beschloß, zu verhindern, daß der Sekretär Stadler die von Brand eingereichten Schriftstücke noch im Laufe des 2. Juni zu Gesicht bekomme. Deshalb ließ er diese Schriftstücke an der Stelle liegen, an die sie Brand gelegt hatte. Er vermutete nämlich, daß der Sekretär bei der Rückkehr von der Nachlaßversiegelung das Geschäftszimmer nur mehr zu dem Zwecke betreten werde, um sich davon zu überzeugen, ob etwa neu eingelaufene Schriftstücke auf seinem Arbeitstische liegen und daß er, wenn er solche auf dem Tische nicht sehe, die Thätigkeit für diesen Tag schließen werde.

Die Vermutung des Straub traf zu. Der Sekretär Stadler warf bei der Rückkehr in die Geschäftsräume der Gerichtsschreiberei rasch einen Blick auf seinen Arbeitstisch und entfernte sich, nachdem er sich davon überzeugt zu haben glaubte, daß während seiner Abwesenheit Schriftstücke auf der Gerichtsschreiberei nicht eingereicht worden seien.

In der folgenden Nacht überlegte Straub, auf welche Weise er die Zurückweisung der gegen ihn erhobenen Privatklage wegen Versäumung der Frist zur Stellung des Strafantrags herbeiführen und sich vor den Nachteilen bewahren konnte, die ihm drohten, wenn er wegen Beleidigung des Mündler verurteilt werden würde. Er beschloß, dafür zu sorgen, daß die vom Ausgeher Brand am Abende des 2. Juni 1899 eingereichten Schriftstücke unter die gebracht werden, die am Morgen des 3. Juni bei der Gerichtsschreiberei ein=

laufen, damit der Sekretär auch auf ihnen den 3. Juni 1899 als den Tag der Einreichung vermerke. Straub ging zur Ausführung seines Plans am frühen Morgen des 3. Juni 1899 in die Geschäftsräume der Gerichtsschreiberei und legte die von Brand Tags zuvor abgegebenen Schriftstücke, die noch auf demselben Platze lagen, unter die Schriftstücke, die in der Frühe des 3. Juni von der Post dem Gerichtsdiener übergeben und von diesem auf den Arbeitstisch des Sekretärs gelegt worden waren. Als der Sekretär Stadler am 3. Juni 1899 vormittags acht Uhr den Dienst antrat, war seine erste Thätigkeit, auf den Schriftstücken, die seinen Arbeitstisch bedeckten und von denen er glaubte, sie seien in den Frühstunden des Tages eingereicht worden, den Tag der Einreichung zu vermerken. Er druckte mittels eines sogenannten Präsentationsstempels auf den Schriftstücken den Vermerk auf: „K. B. Amtsgericht Neudorf präs. 3. Juni 1899" und beglaubigte den Vermerk durch seinen Handzug. Nachdem der Sekretär auf der Anklageschrift gegen Straub und auf den zwei Abschriften der Anklageschrift den 3. Juni 1899 als den Tag der Einreichung vermerkt und den Vermerk durch seinen Handzug beglaubigt hatte, beauftragte er den Gerichtsdiener, diese Schriftstücke nebst dem Zeugnisse des Bürgermeisters von Neudorf und der Vollmachtsurkunde in das Geschäftszimmer des Amtsrichters Stürmer zu tragen, dem durch die Geschäftsverteilung die Erledigung der Privatklagesachen überwiesen war.

Der Amtsrichter Stürmer und der ihm zugeteilte Gerichtsschreibergehülfe Straub waren am 3. Juni 1899 auf einer Dienstreise abwesend. Mündler öffnete am Vormittage des 3. Juni 1899 mit dem Schlüssel, der sein Wohnzimmer sperrte, das Geschäftszimmer des Amtsrichters Stürmer, weil er die gegen Straub gefertigte Anklageschrift lesen wollte. Er sah zu seiner Bestürzung, daß auf der Anklageschrift der 3. Juni 1899 als der Tag der Einreichung vermerkt war. Da sich Mündler am Abende des 2. Juni davon überzeugt hatte, daß der Ausgeher Brand die Anklageschrift und ihre

Beilagen in die Geschäftsräume der Gerichtsschreiberei verbrachte, konnte nach seiner Anschauung der Vermerk des Gerichtsschreibers nur auf einem Irrtume beruhen. Er nahm die Schriftstücke, um den Sekretär zur Berichtigung des Irrtums zu veranlassen und trug sie in die Geschäftsräume der Gerichtsschreiberei. In dieser erfuhr er von dem Rechtspraktikanten Kraus, dem Stellvertreter des Sekretärs, daß dieser vor einer Stunde den ihm mit Rücksicht auf sein Nervenleiden bewilligten Urlaub angetreten habe und schon auf der Reise nach einem Kurorte begriffen sei. Da der Ausgeher Brand ein dem Trunk ergebener und vergeßlicher Mann, der Sekretär Stadler unter dem Einflusse seines Leidens in der letzten Zeit sehr zerstreut war, fürchtete Mündler, es werde ihm gegen den Vermerk auf der Anklageschrift der Nachweis dafür nicht gelingen, daß sie schon am 2. Juni 1899 eingereicht wurde und es werde die gegen Straub erhobene Privatklage wegen Versäumung der Frist zur Stellung des Strafantrags abgewiesen und er in die Kosten des Verfahrens verurteilt werden. Daran, daß die Klage mit Rücksicht auf die Unterlassung der Vornahme des Sühneversuchs abgewiesen werden müßte, glaubte Mündler nicht, weil er die Unterlassung wegen der Unversöhnlichkeit des Straub für unerheblich hielt. Mündler beschloß deshalb, selber den unrichtigen Vermerk zu berichtigen. Er brachte die Anklageschrift und ihre Beilagen dem in der Kanzlei der Rechtsanwälte Adler und Stein beschäftigten Schreiber Kuchelmann, der die Anklageschrift reingeschrieben und die beiden Abschriften der Anklageschriften hergestellt hatte, erzählte ihm den Sachverhalt und ersuchte ihn, die Anklageschrift und die beiden Abschriften neu und zwar als vom Rechtsanwalte Stein gefertigt zu schreiben und diese Schriftstücke diesem Rechtsanwalte zur Unterzeichnung vorzulegen; er äußerte bei dem Ersuchen, daß er beabsichtige, die zuerst eingereichte Anklageschrift und ihre beiden Abschriften zu beseitigen, auf der neu geschriebenen Anklageschrift und ihren Abschriften den 2. Juni 1899 als den Tag der Einreichung zu vermerken und diese neuen Schriftstücke dem Amtsrichter Stürmer vorzulegen.

Kuchelmann war von der Richtigkeit des von Mündler behaupteten Sachverhalts überzeugt, er glaubte, daß Mündler im Rechte und daß Mündler, wenn er auch weder ein Gerichtsschreiber noch der Stellvertreter des Gerichtsschreibers sei, doch befugt sei, den unrichtigen Vermerk zu berichtigen, zumal weil durch die Berichtigung niemand geschädigt werde. Kuchelmann stellte deshalb eine neue Reinschrift der Anklageschrift her, fertigte hievon zwei Abschriften und legte die drei Schriftstücke dem Rechtsanwalte Stein zur Unterschrift vor. Dieser war gewohnt, die von Kuchelmann ihm vorgelegten Schriftstücke ohne weitere Prüfung zu unterzeichnen; er versah die drei Schriftstücke mit seiner Unterschrift.

Der Rechtspraktikant Kraus, der Stellvertreter des Sekretärs Stadler, war am 4. Juni 1899 verhindert, ins Bureau zu kommen. Deshalb wurde Mündler vom Gerichtsvorstande für den 4. Juni 1899 mit der Stellvertretung des Gerichtsschreibers beauftragt und als Stellvertreter verpflichtet; er mußte an diesem Tage in den Räumen der Gerichtsschreiberei arbeiten. Dorthin brachte ihm am Vormittage des 4. Juni der Schreiber Kuchelmann die drei von dem Rechtsanwalte Stein unterzeichneten Schriftstücke. Mündler druckte diesen mittels des ihm als dem Stellvertreter des Gerichtsschreibers zur Verfügung stehenden Präsentationsstempels den Vermerk auf: „K. B. Amtsgerichts Neudorf präs. 2. Juni 1899“; er unterließ es, den Vermerk durch die Beisetzung des Handzugs des Sekretärs Stadler zu beglaubigen, weil er eine Fälschung nicht begehen wollte und weil es gerichtsbekannt war, daß Stadler öfter unterließ, den aufgedruckten Vermerk durch seinen Handzug zu beglaubigen. Nachdem Mündler den drei von dem Rechtsanwalte Stein unterzeichneten Schriftstücken den Vermerk aufgedruckt hatte, sagte er zu Kuchelmann, er wolle die drei vom Rechtsanwalt Adler unterzeichneten Schriftstücke verbrennen, damit Kuchelmann und er nicht in Ungelegenheiten kommen; Kuchelmann, der davon nichts wußte, daß Mündler als Stellvertreter des Gerichtsschreibers aufgestellt sei, billigte die Beseitigung der Schriftstücke. Mündler verbrannte darauf in Gegenwart des Kuchelmann die vom Rechtsanwalt Adler unterzeichnete Anklageschrift, und eine der von diesem Anwalt unterzeichneten Abschriften der Anklageschrift, er glaubte mit dieser Abschrift auch die andere vom Rechtsanwalt Adler unterzeichnete Abschrift verbrannt zu haben. Das war aber nicht der Fall; Mündler ließ in seiner Aufregung diese andere Abschrift auf seinem Arbeitsplatze liegen. Dann legte Mündler die vom Rechtsanwalte Stein unterzeichnete Abschrift der Anklageschrift, die zwei von diesem Anwalt unterzeichneten Abschriften der Anklageschrift, die Urkunde über die von ihm den Anwälten Adler und Stein erteilte Vollmacht und das Zeugnis des Bürgermeisters in einen Aktenumschlag und diesen in das Fach, welches den für den Amtsrichter Stürmer bestimmten Einlauf enthielt. Als Mündler an seinen Arbeitsplatz zurückgekehrt war, sah er dort die vom Rechtsanwalt Adler unterzeichnete Anklageschrift-Abschrift liegen, die aus seinem Versehen nicht verbrannt worden war. Er hielt in der Eile diese Abschrift für eine der vom Rechtsanwalte Stein unterzeichneten Abschriften und legte sie, ohne sie näher zu besehen, in den Aktenumschlag zu den anderen darin verwahrten Schriftstücken. Diese wurden vom Gerichtsdiener am Nachmittage des 4. Juni 1899 dem Amtsrichter Stürmer vorgelegt. Der Amtsrichter prüfte am 5. Juni 1899 die vom Rechtsanwalte Stein unterzeichnete Anklageschrift, die Urkunde über die von Mündler den Anwälten Adler und Stein erteilte Vollmacht und das Zeugnis des Bürgermeisters; er hielt die Klage für vorschriftsmäßig erhoben und verfügte, daß eine Abschrift der Anklageschrift dem Beschuldigten Straub zur Erklärung innerhalb acht Tagen zugestellt werde. In Folge dieser Verfügung beauftragte der Rechtspraktikant Kraus, als der Vertreter des Gerichtsschreibers, den Gerichtsvollzieher von Neudorf, persönlich dem Straub die Verfügung des Amtsrichters und die Abschrift der vom Rechtsanwalte

Stein unterzeichneten Anklageschrift zuzustellen; er übergab aus Versehen dem Gerichtsvollzieher die Abschrift der vom Rechtsanwalt Adler unterzeichneten Anklageschrift. Der Gerichtsvollzieher stellte am 8. Juni 1899 die ihm übergebenen Schriftstücke dem Straub zu. Dieser hatte von den Treibereien des Mündler und des Kuchelmann keine Ahnung; er freute sich des Gelingens seiner List, als er sah, daß auf der ihm zugestellten Abschrift der Anklageschrift der 3. Juni 1899 als der Tag der Einreichung der Anklageschrift aufgedruckt war. Straub beauftragte den Rechtsanwalt Witz, dem er die Vertretung in der Privatklagesache gegen Mündler übertrug, in der an das Gericht zu richtenden Gegenerklärung die Abweisung der Privatklage wegen Versäumung der Frist zur Stellung des Strafantrags zu beantragen. Der Rechtsanwalt Witz legte mit der beim Amtsgerichte Neudorf am 12. Juni 1899 eingereichten Gegenerklärung vor die ihm von Straub zum Zwecke der Vorlegung bei Gericht übergebene Abschrift der Anklageschrift, worauf der 3. Juni 1899 als der Tag der Einreichung vermerkt war; er behauptete in der Gegenerklärung auch, daß Straub die Ladung zum Sühnetermine nicht erhalten habe, daß übrigens auf die Unterlassung der Vornahme des Sühneversuchs ein Gewicht deshalb nicht zu legen sei, weil sich Straub vom 1. bis zum 15. Mai 1899 zu München im Urlaube befunden habe und vom 16. Mai bis zum 1. Juni zu einer militärischen Dienstleistung bei einem Regiment in Nürnberg einberufen gewesen sei, also während des Mai gar nicht in Neudorf gewohnt habe.

Aus Anlaß der Gegenerklärung des Rechtsanwalts Witz machte der Amtsrichter Stürmer dem Sekretariatsgehilfen Mündler und dem Gerichtsschreibergehilfen Straub Vorhalt. Jener gestand alles das zu, was er seit dem 2. Juni 1899 that, um die Verurteilung des Straub wegen Beleidigung herbeizuführen, und Straub gestand alles das zu, was er seit dem 2. Juni 1899 that, um die Abweisung der Privatklage des Mündler herbeizuführen. In dem Strafverfahren, das gegen den Bürgermeister von Neudorf, gegen Mündler, Kuchelmann und Straub eingeleitet wurde, wurde der vorstehend geschilderte Sachverhalt festgestellt.

Der Amtsrichter setzte die Entscheidung über die Privatklage (§ 423 d. St. P. O.) bis nach dem Abschlusse des Strafverfahrens aus.

I. Welcher strafbaren Handlungen machten sich der Bürgermeister von Neudorf, Mündler, Kuchelmann und Straub schuldig?

II. Wie hat unter Berücksichtigung der Ergebnisse des Strafverfahrens gegen Mündler und Genossen die Entscheidung des Amtsrichters auf die erhobene Privatklage (§ 423 d. St. P. O.) zu lauten?

Die Antworten sind zu begründen.

III. Aufgabe
aus dem Strafrecht und dem Strafprozeßrechte.

Die Stadt Felseck liegt auf einem Bergrücken. Dieser stürzt gegen Norden steil in die Ebene ab. Durch die dichtbewaldeten Steilhänge des Absturzes windet sich die Straße, die Felseck mit der nordöstlich gelegenen Stadt Traunburg verbindet. Sobald sich diese Straße aus den Steilhängen herausgewunden und die Ebene erreicht hat, schlägt sie auf eine weite Strecke hin die gerade Richtung ein. An der Stelle, wo die Straße die Ebene erreicht, zweigt von ihr nach rechts — nach Osten — der Fußweg nach Traunburg ab; ein Handweiser deutet die Richtung dieses Weges an. Nach einer Strecke von fünfzig Meter von der Stelle, wo die Straße die Ebene erreicht, tritt von links — von Westen — her dicht an die Straße ein einsam aus der Ebene aufragender Höhenzug, der zweihundert Meter lang mit der Straße gleichläuft und am Süduſer eines von Westen nach Osten strömenden Flusses abbricht. Über diesen setzt die Straße auf einer Brücke.

Das Gestein des Höhenzugs besteht aus Granit. Das Recht, den Höhenzug zur Steingewinnung auszubeuten, steht dem Baumeister Häusler von Felseck zu. Dieser läßt seit dem März 1899 die Seite des Höhenzugs ausbeuten, die der Stelle zunächst gelegen ist, bei der die Straße nach Traunburg die Ebene erreicht.

Der Granit des Höhenzugs wird durch Tagebau gewonnen. Man sprengt das Gestein von seinem Lager mittels Pulvers. Zur Vorbereitung der Sprengung wird in das Lager ein Sprengloch geschlagen, das mit Pulver gefüllt wird. Das Pulver wird mittels eines Zündfadens entzündet. Im Interesse der Sicherheit des Verkehrs auf der nach Traunburg führenden Straße hat die Polizeibehörde von Felseck — u. a. — die folgenden Anordnungen getroffen:

I. Die Sprengungen dürfen nur an Werktagen und nur in der Vormittagsstunde zwischen elf und zwölf Uhr vorgenommen werden. Zwischen jeder von mehreren in dieser Stunde vorzunehmenden Sprengungen muß ein Zeitraum von fünf Minuten verstreichen.

II. Bevor die Sprengungen begonnen werden, hat der Oberaufseher der Steinbrucharbeiter dicht an der Straße, bei der diese die Ebene erreicht, Aufstellung zu nehmen. Neben seinem Standplatze ist eine Tafel aufzustellen, welche die Aufschrift enthält:

„Warnung! Im nahen Steinbruch an der Straße wird gesprengt. Fußgänger haben den Fußweg, der dieser Tafel gegenüber beim Handweiser beginnt, einzuschlagen."

Der Oberaufseher hat den Lenkern der Fuhrwerke, die von der Straße von Felseck herabkommen, die Weiterfahrt so lange zu untersagen, bis eine im Gange befindliche Sprengung durchgeführt ist.

III. Der Arbeiter im Steinbruche, dem das Entzünden des Zündfadens übertragen ist, darf diesen erst dann entzünden, wenn der Oberaufseher auf dem neben seinem

Standplatz angebrachten Flaggenmast eine rote Fahne gehißt hat.

IV. Dem Oberaufseher ist unter allen Umständen verboten, während der Sprengstunde seinen Standplatz zu verlassen."

Der Baumeister Häusler belehrt jeden, den er zur Arbeit im Steinbruch aufnimmt, eingehend über die Anordnungen der Polizeibehörde; er schärft ihm überdies die größte Vorsicht bei der Arbeit und zumal bei der Vornahme der Sprengungen ein.

Am 15. März 1899 nahm Häusler den Maurerpalier Neumüller als Oberaufseher der Steinbrucharbeiter in seinen Dienst; er übertrug dem Steinhauer Kraft die Besorgung des Entzündens des Zündfadens bei den Sprengungen. Neumüller und Kraft waren dem Häusler seit Jahren als verständige und besonnene Männer bekannt.

Am Vormittage des 2. Juni 1899 verließ der Fuhrmann Hentschel mit einem von zwei feuerigen Pferden gezogenen Wagen Felseck, um Waren nach Traunburg zu befördern und bei dieser Gelegenheit aus einem Dickicht der Steilhänge des Nordabfalls einen Rehbock zu holen, den er in der Nacht vorher gewildert und dort versteckt hatte.

Er ließ am letzten Absatze der Straße gegen die Ebene hin sein Gespann unbeaufsichtigt stehen und ging auf das Dickicht zu; er fand dieses längere Zeit hindurch nicht. Da der Tag schwül war, wurden die Pferde des Gespanns von Stechfliegen belästigt; sie begannen unruhig zu werden. Der auf dem Wege nach Traunburg begriffene Lehrer Salzmann von Felseck hatte Mitleid mit den Pferden; er wußte, daß in einer kurzen Zeit die Sprengungen im Steinbruche des Häusler beginnen werden und fürchtete, es könnten die ohnehin schon erregten Tiere durch den Knall des entzündeten Pulvers erschreckt werden, durchgehen und Unheil stiften. Salzmann brach deshalb von einem Laubbaume mehrere Zweige, befestigte sie an dem Kopfgeschirre der Pferde so, daß deren Augen und Ohren gegen die Angriffe der Insekten geschützt wurden und nahm die Leitzügel in die Hand; die Pferde wurden infolge dieser Maßregeln ruhig. Als aber auch nach Ablauf einiger Minuten sich der Leiter des Gespanns noch immer nicht sehen ließ, meinte Salzmann bei sich, daß dem unvorsichtigen Manne der Schrecken des Durchgehens der Pferde als Warnung für die Zukunft nicht schaden könne; er nahm den Pferden die Laubzweige wieder ab, ließ die Leitzügel aus der Hand und setzte den Weg fort. Salzmann trat aus der durch die Waldungen führenden Strecke der Straße in die Ebene in dem Augenblick ein, als der Oberaufseher Neumüller die Warnungstafel gegenüber dem Handweiser auf- und sich neben die Tafel stellte; er schlug den Fußweg nach Traunburg ein. Als Neumüller den Platz neben der Warnungstafel eingenommen hatte, warf er einen Blick auf die Strecke der Straße zur Brücke hin; er sah, daß auf der Straße sein vierjähriges Enkelkind Rosa Klein der Brücke zuging und einige Schritte vor dem Kinde der augenscheinlich betrunkene Armenhäusler Kellner von Felseck der Brücke zutaumelte. Da das Kind und der Armenhäusler außerhalb des Bereichs der Sprengwirkungen waren und da Neumüller sich auch davon überzeugte, daß auf der Straße von Felseck her niemand komme, hißte er die rote Fahne und gab dadurch das Zeichen zum Beginnen der Sprengungen.

Wenige Minuten nach dem Hissen der Fahne sprengten die zwei an den Wagen des Hentschel gespannten Pferde, Trümmer des Wagens hinter sich schleifend und führerlos, von der Bergstraße daher; sie waren infolge der Angriffe der Stechfliegen scheu geworden und rannten davon, da sie der zügelnden Hand des Fuhrmanns entbehrten. Die erregten Tiere warfen die Warnungstafel neben Neumüller um und setzten dann den Lauf gegen die Brücke hin fort. Neumüller hörte in diesem Augenblicke, daß vom Berge her ein anderes Fuhrwerk in rascher Gangart seinem Platze sich nähere; er wußte, daß das Feuer des vom Steinhauer Kraft entzündeten Zündfadens ehestens das Sprengloch erreichen und das Pulver darin zur Entzündung bringen werde. Ohne den

Lenker des anderen Fuhrwerks zu warnen und entgegen der Anordnung der Polizeibehörde verließ Neumüller seinen Standplatz und eilte den Pferden des Hentschel nach, um sein Enkelkind aus der ihm durch die scheuen Tiere drohenden Gefahr zu retten. Es gelang dem Neumüller den Pferden nahe zu kommen, die sich etwas verschnauften und deshalb den Lauf verlangsamten. Schon war er daran, den Pferden in die Zügel zu fallen — er hätte sie dank seiner Körperstärke auch meistern können —, als ihm die Erinnerung an die schweren Unbilden in den Kopf schoß, die er von seinem Schwiegersohne, dem Vater des Kindes, schon erfahren hatte. Er beschloß, Rache zu nehmen, und den Pferden ihren Lauf zu lassen, damit das noch immer ahnungslos auf der Straße fortschreitende Kind von ihnen überrannt und durch ihre Hufschläge getötet werde; er schickte sich daher an, zu seinem Standplatze zurückzukehren. In demselben Augenblicke fing das Pulver des Sprenglochs Feuer und äußerte seine sprengende Wirkung. Trümmerstücke des gesprengten Gesteins trafen den Lenker des anderen Fuhrwerks, den Dienstknecht Kraus von Felseck, der, weil von niemand gewarnt, sein Gespann vor der Sprengstelle nicht anhielt, und diese im Momente der Sprengung erreichte, und töteten ihn auf der Stelle. Infolge des Knalls des entzündeten Pulvers wurden die Pferde des Hentschel aufs neue wild erregt; sie stürmten auf der Straße weiter und überrannten das Kind Rosa Klein, dessen Schädeldecke durch ihre Hufschläge zerschmettert wurde; das Kind starb auf der Stelle.

Ohne sich um diese Vorkommnisse zu kümmern, setzte der Armenhäusler Kellner den Weg auf der Straße fort. Er erreichte die Brücke in demselben Augenblick, in dem sie von der anderen Seite her vom Taglöhner Stark betreten wurde, der zur Arbeit in den Steinbruch ging. Kellner fiel vor den Augen des Stark, dem er als ein Trunkenbold bekannt war, auf den Boden der Brücke nieder und blieb wie erstarrt liegen. Unmittelbar darauf sah Stark, daß zwei augenscheinlich scheu gewordene Pferde auf die Brücke losrennen; er erkannte in ihnen die Pferde des Hentschel. Stark warf sich ihnen entgegen, um den Kellner vor dem drohenden Tode zu retten; er brachte die Pferde zehn Meter vor der Brücke zum Stehen und beschloß die sehr ungeberdigen Tiere bis zum Eintreffen des Hentschel festzuhalten. Dieser hatte in dem Augenblick, als er das Waldesdickicht verließ, gesehen, daß seine Pferde Reißaus nehmen. Er eilte ihnen nach und mäßigte, um Atem zu schöpfen, seine Schritte erst dann, als er sah, daß sich seine Pferde unter der Aufsicht des Stark befinden; er vertraute darauf, daß der ihm befreundete Stark bei den Pferden bis zu seinem Eintreffen bleiben werde. Als Stark sich davon überzeugte, daß Hentschel seinen Pferden bis auf wenige Schritte nahe war, ließ er die Leitzügel aus der Hand und gab auf diese Weise die Pferde frei. Kaum fühlten sich diese nicht mehr festgehalten, als sie weiter- und auf die Brücke zurannten, ohne daß es dem Hentschel möglich gewesen wäre, sie einzuholen. Hentschel konnte daher auch nicht verhindern, daß die Pferde über den auf der Brücke liegenden Kellner hinwegeilten; eines der von den Pferden mitgeschleppten Wagscheite traf den Kellner so stark an den Schläfen und am Hinterhaupte, daß er eine schwere Gehirnerschütterung erlitt, in deren Folge er nach einigen Tagen starb.

Der Baumeister Häusler war mittlerweile in den Steinbruch gekommen. Er befahl, da die Mittagstunde nahte, daß zwei nahe beieinander geschlagene Sprenglöcher zur gleichen Zeit entzündet werden. Neumüller hißte die rote Fahne; er hob die von den Pferden des Hentschel umgeworfene Warnungstafel vom Boden auf, stellte sie aber in seiner Aufregung verkehrt auf, so daß die unbeschriebene Seite der Tafel gegen die Straße hin zu stehen kam. Neumüller wußte, daß einige Minuten vor der Mittagsstunde der Postwagen von Felseck nach Traunburg in der Gegend des Steinbruchs einzutreffen habe, und fürchtete, daß die Pferde dieses Wagens, sogenannte Durchgänger, scheuen würden, wenn sie den durch zwei gleichzeitig vorgenommene Sprengungen verursachten

Knall hören würden. Er eilte deshalb die Bergstraße hinauf, um den Postillon in einer möglichst weiten Entfernung vom Steinbruche zum Anhalten des Wagens auffordern zu können. Als er die Bergstraße betrat, begegneten ihm zwei Handwerksbursche, der Bräugehilfe Schneider von München und der Schneidergeselle Wrba von Prag; beide gingen schweigend neben einander, da Wrba der deutschen Sprache nicht mächtig war. Neumüller rief im Vorbeilaufen den zwei Wanderern zu: „paßt auf die Tafel an der Straße auf." Wrba verstand das nicht, was Neumüller rief; dieser machte auf Schneider den Eindruck eines verstörten Menschen. Als Schneider und Wrba in die Ebene eintraten, setzte Schneider den Weg auf der Straße fort; Wrba ging aus Zufall und Belieben vom Straßenkörper nach links ab, trat aber bald wieder auf die Straße zurück. Bei der Gelegenheit der Einschlagung dieses Seitenwegs kam Wrba an der ihm zugewendeten, mit der Warnung beschriebenen Seite der von Neumüller aufgestellten Tafel vorüber; er ging aber achtungslos an ihr vorbei, da er den Inhalt der Aufschrift nicht lesen konnte. Als Schneider die seiner Wegrichtung zugekehrte unbeschriebene Seite derselben Tafel sah, glaubte er erst recht, daß er von jenem Manne genarrt werden wollte. Schneider und Wrba hatten kaum einige Schritte weiter auf der Straße gemacht, als die gleichzeitige Entzündung der beiden Sprengminen erfolgte. Ein wuchtiges Trümmerstück des gesprengten Granits flog gegen Schneider, warf ihn zu Boden und drückte ihm den Brustkorb ein. Wrba stürzte vor Schrecken über den unerwarteten Knall nieder und fiel so unglücklich auf ein scharfkantiges Sprengstück, daß er eine blutende Verletzung am Vorderschädel erlitt. Schneider starb in der nächsten Nacht an den Folgen der empfangenen schweren Verletzung.

Wrba hielt seine Kopfwunde für unbedenklich. Er kehrte nach Felseck zurück, wo er die Hilfe seines Landsmanns Podlinipp anrief, der das Gewerbe eines Baders ausübt. Podlinipp versprach dem Wrba, gegen eine mäßige Vergütung ihn behandeln und bis zur Heilung der Wunde bei sich verpflegen zu wollen. Podlinipp hatte nur geringe Kenntnisse bezüglich der Behandlung von Wunden; er nahm sich nicht die Mühe, die Verletzung des Wrba zu sehen und begnügte sich damit, dem Wrba eine Einreibsalbe zu geben. Wrba rieb mit dieser die Wunde ein. Am Vormittage des 3. Juni 1899 kam der sehr erfahrene Krankenwärter Weismann von Felseck zufällig in den Laden des Podlinipp, in dem sich auch Wrba, stark fiebernd, aufhielt. Dem Weismann fiel die eigentümliche Bildung des Schädels des Wrba auf. Er untersuchte den Schädel und überzeugte sich davon, daß das dünnschalige Schädeldach einen ausgedehnten Bruch erlitten habe und daß nur die schleunigste kunstgerechte Behandlung das Leben des Wrba retten könne. Weismann hielt es nicht für rätlich, dem Wrba den bedenklichen Zustand anzudeuten, in dem er schwebe, aber er schlug ihm — unter Vermittlung des Podlinipp als Dolmetschers — vor, daß er sich von ihm in seiner Wohnung pflegen und von seinem Sohne, dem Arzte Dr. Weismann zu Felseck, behandeln lasse. Wrba nahm den Vorschlag des Weismann an, obwohl Podlinipp meinte, daß er ebensogut wie Dr. Weismann im stande wäre, die Wunde zur Heilung zu bringen; er behändigte dem Weismann als Vorschuß zur Deckung seiner Auslagen für die Verpflegung den Betrag von zehn Mark. Weismann verließ den Wrba mit dem Versprechen, seine Wohnung zu seiner Aufnahme herzurichten und ihn längstens in einer Stunde abzuholen. Als Weismann der Wohnung zuging, bereute er es, sich mit Wrba eingelassen zu haben. Er hatte den Podlinipp schon lange im Verdachte, daß er ein gefährlicher Kurpfuscher sei; jetzt schien sich die Gelegenheit zu bieten, den Podlinipp einer strengen Strafe in dem Falle zuzuführen, daß Wrba infolge seiner unverständigen Behandlung ums Leben kommt. Weismann beschloß daher, die Pflege des Wrba nicht zu übernehmen, für dessen ärztliche Behandlung nicht zu sorgen und ihn seinem Schicksal zu überlassen. Weismann schlug den Gedanken, daß Wrba dem Tode verfallen sei, wenn ihm nicht schleunigst die Hilfe eines

Arztes zu teil wird, durch die Erwägung nieder, daß es im Erfolge gleich sei, ob er — Weismann — unterlasse, eine Wendung zur Besserung der Lage des Wrba, von der er nur aus Zufall Kenntnis erhalten habe, herbeizuführen oder ob Wrba in der von ihm gewählten Pflege und Behandlung durch Podlinipp bleibe, der die Gefahr des Zustandes seines Pfleglings nicht ahne und die zur Abwendung dieser Gefahr erforderlichen Maßnahmen nicht kenne.

Als Weismann nach Ablauf einer Stunde noch nicht gekommen war, um den Wrba zu holen, ersuchte dieser den Podlinipp um Verzeihung wegen des durch die Annahme des Vorschlags des Weismann bekundeten Mißtrauens und bat ihn, weiterhin ihn zu pflegen und für die Heilung seiner Wunde zu sorgen. Podlinipp war bereit, der Bitte zu entsprechen; er riet dem Wrba, der über zunehmendes Fieber und zunehmende Ermattung klagte, das Bett aufzusuchen. Wrba folgte dem Rate; er verfiel in einen tiefen Schlaf. Podlinipp hielt diesen für das Zeichen des Beginns der Besserung im Befinden seines Landsmanns. Wrba erwachte nicht mehr aus dem Schlafe. Am Morgen des 4. Juni 1899 erfolgte ein starker Bluterguß in das Gehirn des Wrba und verursachte dessen Tod.

Auf Grund der Beschau und der Öffnung der Leiche des Wrba erstattete der Gerichtsarzt das folgende Gutachten:

I. Wrba wäre am 4. Juni 1899 nicht infolge des Blutergusses in das Gehirn gestorben, wenn er nicht am 2. Juni 1899 durch einen Sturz eine Kopfwunde erlitten hätte.

II. Die Lebensgefahr, in die Wrba in Folge dieser Wunde geriet, hätte abgewendet werden können, wenn er spätestens im Laufe des 3. Juni 1899 in die Behandlung eines Arztes getreten wäre.

III. Die Art der Behandlung der Wunde und des Zustands des Wrba durch Podlinipp war nicht im Stande, die Lebensgefahr, in der Wrba schwebte, abzuwenden; sie war im Gegenteil zweckwidrig und unverständig und deshalb die Ursache des Todes des Wrba.

In Folge der Ereignisse, die sich am 2. Juni 1899 zutrugen, herrschte in Felseck eine Mißstimmung gegen den Baumeister Häusler. Dieser hatte im Steinbruch in einer Höhle, die durch eine überhängende Granitfelswand gebildet wird und deren Mündung nach der Straße hin gerichtet ist, zehn Faß Sprengpulver lagern. Er erfuhr, daß der von ihm am 4. Juni 1899 entlassene Steinhauer Adam beabsichtige, in der Nacht vom 7. auf den 8. Juni diesen Pulvervorrat zu entzünden, um den überhängenden Granitblock in eine wertlose Masse kleiner Trümmer zu zersprengen. Häusler setzte den Steinhauer Kraft von der Absicht des Adam in Kenntnis, ließ im Laufe des 7. Juni die zehn Faß Pulver aus der Höhle fortschaffen und in eine auf der Westseite des Höhenzugs gelegene Höhle verbringen und beauftragte den Kraft, in der Nacht vom 7. auf den 8. Juni den Steinbruch zu bewachen, damit nicht Adam aus Zorn über die Fortschaffung des Pulvers die im Steinbruche befindlichen Arbeitsgeräte zerstöre. Kraft nahm den Auftrag gerne an; er rechnete darauf, daß sich ihm in der Nacht die Gelegenheit dazu bieten werde, den ihm verhaßten Adam aus der Welt zu schaffen, der mit ihm um dasselbe Mädchen freite.

Kraft begab sich, mit einem scharf geschliffenen Dolche bewaffnet, am Abende des 7. Juni beim Nahen der Dunkelheit in den Steinbruch. Er rollte, um den Adam in die Falle zu locken, fünf Faß Pulver aus deren Versteck an den früheren Lagerplatz, stellte sie in einer Reihe dicht an den Mündungsrand der Höhle und versteckte sich, hinter ihnen kauernd, um auf Adam zu warten und ihn zu töten. Dieser schlich sich kurz vor Mitternacht an die Höhle heran; er war entschlossen, seine Absicht auszuführen. Da er sich für unbeobachtet hielt, zündete er die mitgebrachte Sicherheitslampe an, zählte unter dem Scheine der Lampe die vor ihm stehenden Pulverfässer, sagte halblaut vor sich hin: „die langen" und verband dann die Fässer mit einem Zündfaden. Kraft, der mit Spannung das Treiben des Adam beobachtete, machte eine unwillkürliche Bewegung; Adam stutzte, zog aus seiner Rocktasche einen mehrläufigen Revolver und spannte dessen Hahn, um den Revolver in der Richtung gegen die Höhle hin abzufeuern, wenn sich darin wieder ein verdächtiges Geräusch hören ließe; in demselben Augenblicke schlich sich Kraft an ihn heran und stieß, sicher zielend, ihm den Dolch in die Brust. Adam sank tot zu Boden.

Welche Personen haben sich in Bezug auf den Tod
der Rosa Klein,
des Dienstknechts Kraus,
des Armenhäuslers Kellner,
des Braugehilfen Schneider,
des Schneidergehilfen Wrba,
des Steinhauers Adam
strafbarer Handlungen schuldig gemacht und wie ist das Verschulden dieser Personen nach Maßgabe des Strafgesetzbuchs zu beurteilen?

Die Antworten sind zu begründen.

Praktischer Fall
aus dem Justizfache.

Die Kandidaten haben die auf Grund der mündlichen Verhandlung vom 4. Dezember 1900 zu erlassende Entscheidung in dem Rechtsstreite des Kaufmanns Karl Günther in Hochkirch gegen den Bäcker Joseph Kurz daselbst nach maßgabe der Vorschriften der Civilprozeßordnung auszuarbeiten.

Die Darstellung des Thatbestandes wird erlassen. In den Entscheidungsgründen sind alle in den mündlichen Vorträgen geltend gemachten Gesichtspunkte zu würdigen. Für die Entscheidung soll neben dem Reichsrechte das für das ganze Königreich geltende Landesrecht angewendet werden.

Der bei dem Landgerichte Hochkirch zugelassene Rechtsanwalt Fromm erhob als Bevollmächtigter des Kaufmanns

Karl Günther in Hochkirch gegen den Bäcker Joseph Kurz daselbst eine an das Landgericht Hochkirch gerichtete Klage.

Auf die Einreichung der Klageschrift bei der Gerichtsschreiberei des Prozeßgerichts wurde Termin zur mündlichen Verhandlung des Rechtsstreits auf den 4. Dezember 1900 vormittags neun Uhr vor der Civilkammer des Landgerichts bestimmt.

Der Beklagte, dem die Klageschrift am 15. Oktober 1900 zugestellt worden war, bestellte zu seinem Prozeßbevollmächtigten den am Prozeßgerichte zugelassenen Rechtsanwalt Holzmann. Die Anwälte wechselten vorbereitende Schriftsätze.

Die Civilkammer des Landgerichts Hochkirch war in der zur mündlichen Verhandlung bestimmten Sitzung besetzt mit dem Landgerichtspräsidenten Müller und den Landgerichsräten Hamm und Sperber. Als Gerichtsschreiber leistete Dienst der Rechtspraktikant Schmitt.

Beim Aufrufe der Sache waren die Rechtsanwälte Fromm und Holzmann erschienen.

Der Vorsitzende eröffnete die mündliche Verhandlung und erteilte das Wort dem Rechtsanwalte Fromm.

Dieser verlas aus der Klageschrift den Antrag:

> „Das Landgericht wolle den Beklagten Joseph Kurz unter Überbürdung der Kosten des Rechtsstreits verurteilen, den Kläger Karl Günther als Erben des am 5. August 1900 in Hochkirch verstorbenen Privatmanns Otto Kurz anzuerkennen und an den Kläger den gesamten Nachlaß des Otto Kurz einschließlich der von der Versicherungsgesellschaft Bavaria in München angefallenen Lebens-Versicherungs-Summe von 2000 ℳ herauszugeben".

und trug zur Begründung vor:

Die Privatierseheleute Otto und Amalie Kurz in Hochkirch, welche im Güterstande der Gütertrennung lebten, errichteten am 2. Januar 1900 durch eigenhändige Niederschrift ein gemeinschaftliches Testament, worin sie sich gegenseitig zu Erben einsetzten und bestimmten, daß nach dem Tode des Überlebenden der beiderseitige Nachlaß zu gleichen Teilen an den Beklagten Joseph Kurz, einen Neffen des Otto Kurz, und an den Kläger Karl Günther, einen Neffen der Amalie Kurz, fallen sollte. Vorbehalten hatte sich in dem Testamente jeder Teil, zu Lasten seines Verwandten Vermächtnisse und Auflagen einseitig zu verfügen.

Amalie Kurz starb schon am 12. Februar 1900. Otto Kurz lieferte das in seinen Händen befindliche gemeinschaftliche Testament dem Amtsgerichte Hochkirch als dem Nachlaßgericht ab, erkannte es im Eröffnungstermin als echt an und erklärte dann unaufgefordert zu Protokoll des Nachlaßgerichts, daß er die Erbschaft nach diesem Testament antrete.

Er erhielt auch seiner Bitte entsprechend auf grund des Testaments vom Nachlaßgericht einen Erbschein. Das Testament wurde ihm vom Gerichte zurückgegeben.

Am 3. März 1900 ergänzte er das Testament durch eine weitere eigenhändig geschriebene letztwillige Verfügung, in welcher er seinem Erben Joseph Kurz die Verpflichtung auferlegte, nach seinem Tode seine Leiche in Gotha durch Feuer bestatten zu lassen, und bestimmte, daß Joseph Kurz, wenn er diese Verpflichtung nicht erfülle, nicht nur des Anspruchs aus einem zu seinen Gunsten mit der Versicherungsgesellschaft Bavaria in München eingegangenen Lebensversicherungsvertrage, sondern auch jeglichen Erbrechts verlustig gehen sollte.

Als nun auch Otto Kurz am 5. August 1900 gestorben war, erfüllte Joseph Kurz, der mit ihm seit März 1900 in gemeinschaftlichem Haushalte gelebt hatte und die Bestimmung wegen der Feuerbestattung wohl kannte, die ihm auferlegte Verpflichtung nicht, ließ vielmehr die Leiche seines Onkels in ortsüblicher Weise zu Hochkirch zur Erde bestatten und erklärte bei der Eröffnung des Testamentsnachtrags vom 3. März 1900 vor dem Nachlaßgerichte, daß er weder diesen

Nachtrag noch das gemeinschaftliche Testament vom 2. Januar 1900 als für ihn verbindlich anerkenne, vielmehr als gesetzlicher Erbe seines Onkels den ganzen Nachlaß ungeteilt beanspruche. Dem Miterbrecht oder gar Alleinerbrecht des Karl Günther verweigerte er die Anerkennung. Er befindet sich jetzt noch im Besitze des Gesamtnachlasses.

Karl Günther seinerseits, der schon nach dem Tode der Amalie Kurz das gemeinschaftliche Testament als gültig anerkannt hat und neuerlich nach dem Tode des Otto Kurz dieses Testament samt seinem Nachtrage vom 3. März 1900 als verbindlich anerkennt, beansprucht auf grund des Testaments den ganzen Nachlaß für sich, da Joseph Kurz durch absichtliches Zuwiderhandeln gegen die Bestimmung des Testamentsnachtrags nach dessen klarer Vorschrift seinen Erbteil verloren hat und, was der eine Erbe verliert, dem anderen anwächst. Zu dem Nachlaß aber gehört ohne Zweifel auch die Lebensversicherungssumme, da sie, dem Testamentsnachtrage gemäß, nicht mehr dem Joseph Kurz gehören kann.

Der Vorsitzende erteilte hierauf das Wort dem Rechtsanwalte Holzmann. Dieser verlas aus seiner schriftlichen Klagebeantwortung den Antrag:

„Das Landgericht wolle die Klage abweisen und feststellen, daß die Testamente vom 2. Januar und 3. März 1900 ungültig seien und Joseph Kurz der alleinige Gesetzeserbe in den gesamten Nachlaß der Eheleute Otto und Amalie Kurz sei."

und begründete den Antrag wie folgt:

Um die Frage der Gültigkeit der beiden Testamente beantworten zu können, ist es notwendig, den Wortlaut der Testamente vor sich zu haben. Das Testament vom 2. Januar 1900 lautet wörtlich:

Gemeinschaftliches Testament.

Wir Otto und Amalie Kurz haben uns entschlossen, da wir schon alt und kränklich sind und keine Leibeserben besitzen, ein gemeinschaftliches Testament zu machen.

Unser letzter Wille, den ich, Otto Kurz, zum Zwecke der Testamentserrichtung jetzt hier eigenhändig niederschreibe, ist folgender:

1. Wer von uns beiden zuerst stirbt, soll von dem anderen ausschließlich beerbt werden. Noterben haben wir keine, sind auch nicht verpflichtet irgend jemandem etwas zu hinterlassen. Vermächtnisse wollen wir in diesem Testamente nicht aussetzen.
2. Nach dem Tode des Überlebenden von uns beiden soll unser beiderseitiger Nachlaß ohne Rücksicht darauf, was früher zum Vermögen des einen oder des anderen gehört hat, zu gleichen Teilen an unsere beiden Neffen fallen, die allein von unseren Verwandten noch am Leben sind, nämlich an den Bäcker Joseph Kurz, den einzigen Sohn meines früh verstorbenen Bruders Anton, und an den Kaufmann Karl Günther, den einzigen Sohn meines gleichfalls längst verstorbenen Schwagers Ferdinand Günther.
3. Jeder von uns beiden behält sich vor, einseitig vor wie nach dem Tode des anderen durch letztwillige Verfügungen Vermächtnisse und Auflagen anzuordnen, doch darf er damit nur denjenigen von den Nacherben belasten, der sein eigener Neffe ist.

Hochkirch, den zweiten Januar Neunzehnhundert.

Otto Kurz.

Dieses Testament soll auch als mein Testament gelten.
Hochkirch, den zweiten Januar Neunzehnhundert.

Amalie Kurz,
geborene Günther.

Das Testament vom 3. März 1900 aber, welches auf das gleiche Blatt im unmittelbaren Anschluß an das Testament vom 2. Januar 1900 geschrieben ist, lautet:

Testamentsnachtrag.

Unter Aufrechthaltung des vorstehenden Testaments ordne ich auf Grund der Nr. 3 desselben an, daß mein Neffe Joseph Kurz, wie er mir schon versprochen hat, wenn ich gestorben bin, meine Leiche zur Feuerbestattung nach Gotha bringen läßt. Um ihn für die Mühe und den Aufwand bei der Erfüllung dieser Auflage zu entschädigen, habe ich zu seinen Gunsten bei der Versicherungsgesellschaft Bavaria in München eine Lebensversicherung zu 2000 ℳ genommen. Sollte Joseph Kurz die Auflage nicht erfüllen, so soll er nicht nur von der Versicherungssumme sondern auch von meiner Erbschaft nichts erhalten.

Dieses ist mein wohlüberlegter letzter Wille, den ich hier eigenhändig niedergeschrieben habe.

Hochkirch, den dritten März Neunzehnhundert.

Otto Kurz.

Bezüglich der beiden hier im Wortlaut aufgeführten Testamente, die sich in Urschrift bei den Nachlaßakten des Amtsgerichts Hochkirch befinden und von denen eine wortgetreue Abschrift der Klage beigelegt ist, habe ich zunächst zu erklären, daß sie vollkommen echt sind d. h. von der Hand der beiden Erblasser Otto und Amalie Kurz herrühren. Auch ist das Testament vom 3. März und die Erklärung der Amalie Kurz vom 2. Januar ohne Zweifel zu der angegebenen Zeit am angegebenen Orte geschrieben worden.

Nicht das gleiche aber kann bezüglich des Testaments vom 2. Januar anerkannt werden, soweit es von Otto Kurz herrührt. Diese Testamentserklärung des Otto Kurz nämlich ist weder am zweiten Januar noch in Hochkirch geschrieben worden. Otto Kurz hat sie vielmehr am 1. Januar 1900 in dem benachbarten Orte Felden verfaßt und unterschrieben, wo er bei einem rechtskundigen Freunde Rat gesucht hatte, und hat dann anderen Tags die Urkunde seiner Frau zur Beifügung ihrer Erklärung vorgelegt. Das Datum „Hochkirch, den 2. Januar 1900" aber hat Otto Kurz um deswillen gewählt, weil sein rechtskundiger Freund dies für erforderlich bezeichnete, um die Einheitlichkeit des gemeinschaftlichen Aktes hervortreten zu lassen. Aber gerade damit hat der Freund dem Erblasser einen schlechten Rat gegeben. Denn das dem Testamente von Otto Kurz gegebene Datum ist, weil es der Wirklichkeit nicht entspricht, für nicht geschrieben zu erachten, das wirkliche Datum aber fehlt und mangels dieses Datums ist das Testament nichtig. Die Nichtigkeit der Testamentserklärung des Otto Kurz vom 2. Januar 1900 zog natürlich die Nichtigkeit der Erklärung der Amalie Kurz und des unselbständigen Nachtrags vom 3. März 1900 nach sich.

Sind aber alle diese Testamente nichtig, so eröffnet sich in den Nachlaß des Otto Kurz, da eine andere letztwillige Verfügung nicht vorhanden ist, die gesetzliche Erbfolge. Hiernach ist Joseph Kurz als einziger Verwandter zweiter Ordnung der ausschließliche Erbe. Mit Recht hat er darum den Nachlaß in Besitz und weist die Ansprüche des Klägers zurück. Was dessen Anspruch auf die Lebensversicherungssumme anlangt, so gehört dieser gar nicht in den jetzigen Prozeß. Denn die Forderung stand von vorneherein dem Joseph Kurz persönlich zu und war nie eine Erbschaftsforderung. Gehörte sie übrigens zum Nachlasse des Otto Kurz, so fiel sie dem Joseph Kurz als dem Erben zu und jedenfalls hat Karl Günther, da er nicht Erbe ist, mit ihr nichts zu schaffen.

Rechtsanwalt Fromm entgegnete:

Die thatsächlichen Ausführungen des Gegenanwalts gebe ich als richtig zu, die rechtlichen Schlüsse aber, die er daraus zieht, muß ich bestreiten.

Eine Unrichtigkeit in Bezug auf die Angabe des Ortes und Tages macht für sich allein das eigenhändige Testament nicht ungültig. Ich leugne aber, daß eine Unrichtigkeit überhaupt vorliegt. Das Gesetz will nicht, daß Ort und Tag der Niederschrift, sondern Ort und Tag der Testamentserrichtung angegeben sind. Beides kann zusammenfallen, muß aber nicht zusammenfallen. In unserem Falle liegt es auseinander. Otto Kurz hat offenbar überhaupt nicht am 1. Januar in Felden, sondern am 2. Januar in Hochkirch das Testament errichten wollen und errichtet. Das Datum ist also ganz in der Ordnung. Wäre übrigens wirklich, wie der Gegner meint, das Testament vom 2. Januar 1900 fehlerhaft gewesen, so wäre diese Fehlerhaftigkeit doch längst geheilt dadurch, daß dieses Testament von Otto Kurz bei der Verkündung ausdrücklich anerkannt und in dem fehlerfreien zweiten Testamente vom 3. März 1900 bestätigt worden ist. Denn, daß ein fehlerhaftes Testament durch ein späteres fehlerfreies bestätigt werden kann, wird der Gegner nicht bestreiten wollen, und die Anerkennung des Testaments durch Otto Kurz muß Joseph Kurz gerade dann für sich gelten lassen, wenn er dessen Erbe geworden ist. Was die Versicherungssumme anlangt, so ist die Verfügung, durch welche dem Joseph Kurz ein Recht darauf eingeräumt wurde, in dem Testamente vom 3. März 1900 für den Fall der Verletzung der dort angeordneten Auflage ausdrücklich zurückgenommen worden. Aus jenem Testament ergibt sich aber auch weiterhin mit genügender Deutlichkeit, daß im Falle der Nichterfüllung der Auflage die Versicherungssumme dem Kläger Karl Günther gehören sollte. Auf die Frage, ob der Gesellschaft Bavaria gegenüber Joseph Kurz oder Karl Günther als Gläubiger zu gelten hat, kommt es für den jetzigen Rechtsstreit nicht an, da Joseph Kurz, wie nicht in Abrede gestellt werden wird, die 2000 ℳ schon vereinnahmt und darüber Quittung erteilt hat.

Nach all' dem muß ich darauf bestehen bleiben, daß die Klage begründet ist.

Gesetzt aber, sie wäre unbegründet und gesetzt selbst, die Testamente vom 2. Januar und 3. März wären nichtig, so ist mir doch unerfindlich, wie Joseph Kurz dazu kommt, auf Grund der gesetzlichen Erbfolge auch den Nachlaß der Amalie Kurz zu beanspruchen, da er doch mit dieser gar nicht verwandt ist.

Als Gesetzeserbe der Amalie Kurz kann jedenfalls nur der Kläger Karl Günther in Betracht kommen.

Vorsorglich stelle ich daher für den Fall, daß der Gerichtshof den Rechtsanschauungen des Beklagten zuneigen sollte, den Antrag,

den Beklagten jedenfalls zur Herausgabe des Nachlasses der Amalie Kurz zu verurteilen.

Nachdem Rechtsanwalt Fromm dem Vorsitzenden schriftliche Fertigung dieses Antrags übergeben hatte, wurde der Rechtsanwalt Holzmann neuerlich zum Worte zugelassen und trug vor:

Die Ausführungen zur Rettung der Gültigkeit des Testaments vom 2. Januar 1900 halte ich für verfehlt. Dem Gesetze liegt der Unterschied zwischen Datum der Niederschrift und Datum der Testamentserrichtung fern. Das Testament wird durch die Niederschrift errichtet, also liegt in der Herstellung der Testamentsschrift die Testamentserrichtung und beide fallen zeitlich zusammen.

Wenn ich ferner auch nicht dagegen streiten will, daß unbeabsichtigte Unrichtigkeiten im Datum des Testaments unschädlich sein mögen, so kann ich das doch nicht zugeben für die Fälle der bewußten und beabsichtigten falschen Angabe. Denn eine solche Freiheit würde die ganze Gesetzesvorschrift wirkungslos machen. In unserem Falle handelt es sich aber gerade um eine bewußte und beabsichtigte falsche Angabe von Zeit und Ort des Testaments. Von einer Heilung der Ungültigkeit des Testaments kann keine Rede sein. Die Anerkennung seitens dessen, der das Testament selbst errichtet, den Fehler selbst begangen hat, kann jedenfalls kein Heilmittel sein. Aber auch die Aufrechthaltung durch das neue

Testament vom 3. März ist bedeutungslos; denn Otto Kurz konnte das nichtige gemeinschaftliche Testament einseitig so wenig bestätigen, wie er es einseitig hätte widerrufen können, wenn es gültig gewesen wäre.

Übrigens würde selbst die Annahme der Gültigkeit des Testaments vom 2. Januar 1900 den Kläger nur zur Hälfte zu seinem Ziele führen können. Denn das zweite Testament vom 3. März 1900 leidet zwar nicht an formellen, desto mehr aber an materiellen Mängeln.

Die Anordnung des Erblassers, daß man seine Leiche zur Feuerbestattung nach Gotha schaffe, konnte nicht gültig getroffen werden. Denn einmal ist die Feuerbestattung in Bayern durch das Polizeistrafgesetzbuch verboten, sodann widerstreitet sie der Landessitte in so hohem Grade, daß Niemandem die Befolgung der Anordnung zugemutet werden kann. Aber gesetzt selbst, eine solche Auflage wäre im Allgemeinen zulässig, so würde doch ihre Nichterfüllung nicht die Wirkung haben, die ihr der Kläger beilegt. Denn das Bürgerliche Gesetzbuch bestimmt jetzt abweichend vom bisherigen Rechte, daß der Beschwerte, der die Vollziehung einer Auflage verweigert und unmöglich macht, nicht die ganze Zuwendung herauszugeben hat, sondern nur soviel, als er zur Vollziehung der Auflage hätte verwenden müssen. Das wären aber nach den Umständen höchstens 600 ℳ gewesen, die für die Feuerbestattung mehr an Kosten erwachsen wären als für die Beerdigung. Die Herausgabe der ganzen Erbschaft dagegen könnte schon nach dem Gesetze wegen der Nichterfüllung der Auflage nicht zur Pflicht gemacht werden. Sie konnte auch nach den besonderen Umständen des Falles um deswillen nicht im Testamentsnachtrage angeordnet werden, weil die Ziffer 3 des Testaments vom 2. Januar 1900 zwar Auflagen und Vermächtnisse zuläßt, nicht aber die bedingte oder unbedingte Entziehung der Erbschaft. Vor dieser sind die Erben durch die Gemeinschaftlichkeit des Testaments geschützt, und zwar nicht ohne Absicht, wie sich aus Folgendem ergeben wird.

Der Wunsch des Otto Kurz, einst mit Feuer bestattet zu werden, war der einzige aber stete Zankapfel in seiner sonst ruhigen und glücklichen Ehe. So hartnäckig Otto Kurz an dem Gedanken festhielt, so sehr verabscheute ihn Amalie Kurz, die dagegen insbesondere religiöse Bedenken hatte. Beide wandten sich schon bei Lebzeiten mehrfach im Vertrauen an Joseph Kurz als ihren dereinstigen Erben und dieser versprach, um die alten Leute nicht zu kränken und obendrein sich zu schaden, gerne beiden in ihrem Sinne zu handeln, wenn er auch im Herzen der Meinung der Amalie Kurz war und darnach zu handeln beschloß. Als nun die Frage der Testamentserrichtung kam, sah Amalie Kurz darin das beste Mittel ihren Zweck wegen der Verhütung der Leichenverbrennung zu erreichen, weil sie sich des Erben Joseph Kurz sicher wußte und dieser nach ihrer Ansicht durch das gemeinschaftliche Testament unentziehbare Rechte bekam. Natürlich ließ sie davon nichts verlauten, wie denn bei der Testamentserrichtung selbst die Frage der Feuerbestattung nicht zur Sprache kam. Als dann später Otto Kurz den Testamentsnachtrag errichtete, machte er freilich davon auch dem Joseph Kurz Mitteilung; dieser aber hatte keinen Anlaß, sein Benehmen zu ändern, da er von vorneherein fest von der Ungültigkeit dieser nachträglichen Anordnung überzeugt war. Um nicht Streit zu bekommen, ließ er den Onkel im Glauben, daß er die Anordnung befolgen werde. Mag dieses Verhalten des Joseph Kurz auf den ersten Blick vielleicht befremdend erscheinen, so ist doch zu erwägen, daß er den sich gegenüberstehenden Willen der beiden Erblasser zu berücksichtigen hatte und bei der Unvereinbarkeit der Meinungen auf sein bestes Ermessen angewiesen war. Jedenfalls aber können diese innerlichen Beweggründe für sein Verhalten einen Einfluß auf die ohne sein Zuthun entstandenen Erbrechtsverhältnisse nicht ausüben.

Daß in meinem Antrage gebeten ist, festzustellen, daß Joseph Kurz der alleinige Gesetzeserbe in den gesamten Nachlaß der Eheleute Otto und Amalie Kurz ist, hat seinen besonderen Grund. Es soll damit gerade der Auffassung entgegengetreten werden, daß es sich jetzt um zwei Erbfälle und zweierlei Nachlaßmassen handeln könne. Nach der Anschauung des Beklagten ist der durch den Tod der Amalie Kurz eingetretene Erbfall bei der Nachlaßverhandlung im Februar 1900 endgültig erledigt worden. Otto Kurz ist damals trotz der Ungültigkeit des Testaments vom 2. Januar 1900 auf Grund dieses Testaments Alleinerbe seiner Frau geworden; denn der damals allein noch bei dem Erbfalle der Amalie Kurz beteiligte Karl Günther hat gleich Otto Kurz das Testament anerkannt und dem Antritte der Erbschaft durch Otto Kurz zugestimmt. Die Folge war die untrennbare Vereinigung der Vermögensmassen des Otto und der Amalie Kurz. Kraft dieser Vereinigung gibt es jetzt nur einen Erbfall Otto Kurz. Daß für diesen Erbfall jenes Testament nicht anerkannt ist, kann die einmal eingetretene Rechtsveränderung nicht rückgängig machen. Mein Antrag geht deshalb, genauer gefaßt, dahin, festzustellen, daß das vormalige Vermögen der Amalie Kurz jetzt zum Nachlasse des Otto Kurz gehört.

Rechtsanwalt Fromm erwiderte sofort:

Zur Würdigung des letzten Vorbringens meines Gegners weise ich auf den Widerspruch hin, der darin liegt, daß er für den ersten Erbfall das Testament vom 2. Januar 1900 wirksam, für den zweiten unwirksam sein läßt. Für den ersten Fall heilt die Anerkennung den behaupteten Formfehler, für den zweiten heilt sie ihn nicht. Ein solches Ergebnis kann nicht richtig sein, also ist die Grundlage desselben falsch. Mein Standpunkt ist unverrückt der, daß das Testament vom 2. Januar gültig ist, daß aber, wenn es ungültig wäre, für beide Erbfälle auf die gesetzliche Erbfolge zurückzugehen und der Zustand so herzustellen wäre, wie wenn überhaupt nie ein solches Testament vorhanden gewesen wäre, in welchem Falle Karl Günther die Hälfte des Vermögens der Amalie Kurz anzusprechen gehabt hätte. Daran könnte auch nicht hindern, daß er das Testament anerkannt hat. Denn nur das allseitig anerkannte Testament wird trotz seines Formmangels gültig; deshalb hat Karl Günther durch die jetzige Verweigerung der Anerkennung der Gültigkeit des Testaments seitens des Gegners auch seinerseits seine Freiheit zurückerhalten. Äußersten Falls müßte also der Klage wenigstens insoweit stattgegeben werden, als sie die Hälfte des Nachlasses der Amalie Kurz betrifft.

Die Bemängelung des Testamentsnachtrags vom 3. März 1900 halte ich für nicht gerechtfertigt. Das Polizeistrafgesetzbuch verbietet nirgends ausdrücklich die Feuerbestattung. Daß die Feuerbestattung der Landessitte widerspricht, will ich für die Gegend von Hochkirch zugeben. Ich könnte es vielleicht für ganz Bayern zugeben. Denn seit der Einführung des Bürgerlichen Gesetzbuchs kann für das Recht nur eine Sitte in Betracht kommen, die im ganzen deutschen Reiche gilt. Nun beweist aber der Umstand, daß es in Deutschland eine Mehrzahl öffentlicher Feuerbestattungsanstalten gibt, z. B. in Gotha, Heidelberg, daß von einer solchen allgemeinen Sitte nicht gesprochen werden kann. Richtig ist ferner zwar, daß das Bürgerliche Gesetzbuch die Entziehung der Erbschaft wegen Nichterfüllung der Auflage nicht kennt. Aber die hier maßgebenden Vorschriften des Bürgerlichen Gesetzbuchs sind nur dispositive

Normen. Sie hindern den Erblasser nicht, anders zu verfügen. Otto Kurz hat anders verfügt und ist damit weder über die Schranken des Gesetzes noch über die ihm im Testamente vom 2. Januar 1900 gezogenen Schranken hinausgegangen. Denn durch dieses Testament sind ihm Auflagen gestattet und damit naturgemäß auch Anordnungen jeder Art zur Sicherung der Erfüllung der Auflagen. Übrigens würde nichts hindern, in der Auflage ein bedingtes Vermächtnis zu gunsten des Karl Günther zu sehen; Vermächtnisse aber sind ebenfalls im Testamente vom 2. Januar 1900 erlaubt. Die Erdbestattung durch Joseph Kurz wäre eben in diesem Falle Erfüllung der Bedingung statt Nichterfüllung der Auflage, das Ergebnis jedoch das gleiche. Daß Joseph Kurz die Erfüllung der Auflage absichtlich vereitelt hat, geht aus der gegnerischen Darstellung des ehelichen Streites über die Erdbestattung und über die Haltung des Joseph Kurz in diesem Streite klar hervor. Ich erkenne die Richtigkeit dieser Darstellung an und bitte wiederholt, dem Klagantrage stattzugeben.

Auf Befragen durch den Vorsitzenden erklärten beide Anwälte übereinstimmend, daß der Nachlaß der Amalie Kurz bei ihrem Tode in beweglichen Gegenständen und Wertpapieren im Gesamtwerte von 80,000 Mark, der Gesamtnachlaß beider Ehegatten bei dem Tode des Otto Kurz in einem Wohnhause, Einrichtungsgegenständen und Wertpapieren im Gesamtwerte von 200,000 Mark bestanden habe und daß über die Zugehörigkeit der einzelnen im Besitze des Joseph Kurz befindlichen Vermögensteile zu den beiden Nachlaßmassen unter den Streitteilen keine Meinungsverschiedenheit bestehe.

Rechtsanwalt Fromm erklärte auf Befragen, daß er gegen die Schätzung der Mehrkosten der Feuerbestattung auf 600 Mark keine Erinnerung erheben wolle, Rechtsanwalt Holzmann, daß er mit seinem Antrag auf Feststellung der Nichtigkeit der Testamente und der alleinigen gesetzlichen Erbfolge des Beklagten in den Nachlaß der Eheleute Kurz keine Widerklage habe erheben wollen, vielmehr diese Feststellung als eine urteilsmäßig auszusprechende, selbstverständliche Folge der Abweisung der Klage betrachte.

Schließlich erklärten die Anwälte, daß sie mit Rücksicht darauf, daß alle thatsächlichen Behauptungen unwidersprochen geblieben seien, keine Beweisanerbietungen machen, auch von der Beischaffung der Akten des Nachlaßgerichts Umgang genommen haben wollten, dagegen auf ihren Anträgen beharrten.

Der Vorsitzende schloß die Verhandlung und beraumte Termin zur Verkündung der Entscheidung auf den 11. Dezember 1900 nachmittags 5 Uhr an.

I. Aufgabe

aus dem Staatsrecht des deutschen Reichs und des Königreichs Bayern.

Eine Bestimmung der Stiftungsurkunde über die Winter'sche Familienstiftung in Nürnberg veranlaßte die Abkömmlinge des am 8. August 1860 in Nürnberg verstorbenen bayerischen Staatsangehörigen Peter Winter beim Stadtmagistrat Nürnberg Antrag auf Feststellung ihrer Staatsangehörigkeit zu stellen.

Die Erhebungen des Stadtmagistrats Nürnberg hatten das nachstehende Ergebniß:

Peter Winter hinterließ vier Kinder und zwar:

1. Karl Winter, geb. 2. Mai 1840,
2. Leonhard Winter, geb. 26. Oktober 1844,
3. Rudolf Winter, geb. 10. November 1846 und
4. Karolina Winter, geb. 1. März 1855.

ad 1. Karl Winter heirathete 1865 in Bayern rechtsgiltig die bayerische Staatsangehörige Luise Heller von Fürth. Nachdem ihm am 1. März 1871 ein Sohn Leonidas und am 2. Mai 1875 ein Sohn Cimon geboren war, verzog er im Jahre 1879 mit seiner Ehefrau und dem jüngeren Sohn Simon nach Smyrna, wo ihm am 1. April 1880 noch eine Tochter Helene geboren wurde. Seit dem Jahre 1879 lebt Karl Winter in Smyrna, sein Heimatschein vom 1. Dezember 1879 ist am 30. November 1884 abgelaufen; in die Matrikel eines deutschen Konsuls war er nie eingetragen; nur einmal, im Jahre 1885, machte er einen zweimonatlichen Besuch in Deutschland, von dem er am 1. Dezember 1885 wieder zurückkehrte.

a) Leonidas Winter (geb. 1. März 1871) blieb zuerst bei seiner Großmutter in Deutschland, seit dem 1. Dezember 1888 befindet auch er sich — und zwar ohne Unterbrechung — in Smyrna, wo er zuerst im väterlichen Geschäfte thätig war und dann — am 1. März 1890 — sich mit väterlicher Einwilligung selbständig machte und seitdem einen Haushalt für sich führte. Im März 1897 heirathete Leonidas Winter rechtsgiltig die preußische Staatsangehörige Martha Rahden; seine Gattin starb indessen im Juli 1899, nachdem sie im April 1898 einem Kinde Alzibiades das Leben gegeben hatte. Nach dem Tode der Mutter wurde dies Kind — am 1. September 1899 — zu den Eltern der Mutter nach Preußen verbracht, wo es sich heute noch befindet. Leonidas Winter war nie in einer Konsulatsmatrikel eingetragen, auch nie im Besitze eines Reisepapieres oder Heimatscheines gewesen.

b) Simon Winter (geb. 2. Mai 1875) war zunächst bei den Eltern und wurde im Jahre 1889 nach Deutschland in die Lehre geschickt. Von dort kehrte er, nachdem er seiner militärischen Dienstpflicht als Einjährig-Freiwilliger genügt hatte, versehen mit einem zur Reise ins Ausland giltigen, und zwar auf zwei Jahre ausgestellten Militärpaß am 1. November 1893 zurück ins elterliche Haus, wo er bis heute verblieben ist, ohne in die Konsularmatrikel eingetragen zu sein.

c) Helene Winter (geb. 1. April 1880) war zunächst bei den Eltern und kam im Jahre 1893 zur Erziehung nach Genf in eine Pension, aus der sie im Jahre 1896 nach Smyrna zurückkehrte. Reisepapier oder Heimatschein hatte sie nie, wie sie auch nie in einer Konsularmatrikel eingetragen war.

2. Leonhard Winter ging in den sechziger Jahren, ohne den bayerischen Behörden hierüber eine Mittheilung zu machen, nach Beirut, wo er sich am 7. Oktober 1875 mit der badischen Staatsangehörigen Marie Gallinger verheirathete und zwar ließ er sich, obwohl der dortige Kaiserl. deutsche Konsul vom Reichskanzler Vollmacht im Sinne des § 1 des Gesetzes vom 4. Mai 1870, betreffend die Eheschließung und die Beurkundung des Personenstandes von Bundesangehörigen im Auslande, erhalten hatte, doch nur von einem römisch-katholischen Pfarrer vor zwei Zeugen trauen, was allerdings dem in Beirut geltenden türkischen Rechte genügte. Leonhard Winter ist seit dem Jahre 1876 in die Matrikel des deutschen Konsuls in Beirut eingetragen, wo er sammt seiner Frau noch lebt. Mit seiner Eheschließung legitimierte Leonhard Winter seinen vor der Ehe mit Marie Gallinger erzeugten und am 5. Oktober 1868 geborenen Sohn Otto. Dieser war bei Verwandten in Frankreich untergebracht und dort im Jahre 1874 naturalisiert worden, nachdem er aus dem badischen Staatsverbande ordnungsmäßig entlassen worden war. Otto Winter, der von einem seiner französischen Verwandten zum Erben eingesetzt worden ist, besuchte 1882—1890 das Gymnasium und die Universität in Deutschland und lebt seitdem alljährlich einen Theil des Jahres in Nancy und einen Theil in Freiburg i. Br., an welchen beiden Orten er geschäftliche Niederlassungen hat.

3. Rudolf Winter lebt seit dem 15. März 1873 in Konstantinopel, wo er sich mit der preußischen Staatsangehörigen Magdalena Sommer rechtsgiltig verehelichte. Dieser Ehe sind zwei Söhne entsprossen: Konstantin, geb. 15. März 1874, und Maximilian, geb. 16. April 1876. Im Jahre 1878 bat Rudolf Winter um seine Entlassung aus dem bayerischen Staatsverband und erhielt die Entlassungsurkunde von der mittelfränkischen Regierung ausgefertigt. In seinem Gesuch hatte er nicht angegeben, daß er verheirathet sei, und die Regierung hatte hievon ebensowenig wie seine Heimatgemeinde Kenntniß. Die Entlassungsurkunde lautete deshalb lediglich auf seinen Namen; nach dem in Bayern eingeführten Formular enthielt sie am Schlusse die Bemerkung: „Diese Urkunde bewirkt, jedoch nur für die darin ausdrücklich genannte Person, mit dem Zeitpunkt der Aushändigung den Verlust der Eigenschaft als bayerischer Unterthan."

   Rudolf Winter lebt mit seiner Familie noch in Konstantinopel; seine Frau und seine Söhne haben ihren dortigen Aufenthalt nie unterbrochen und waren nie in einer Konsularmatrikel eingetragen, noch mit Reisepapieren oder Heimatscheinen versehen.

4. Karolina Winter verheirathete sich am 2. April 1885 in Bamberg rechtsgiltig mit dem bayerischen Staatsangehörigen Hans Kaltenmoser und lebte mit ihrem Ehemann in Bamberg; die Ehe blieb kinderlos. Mit rechtskräftigem Urtheil des Kgl. Landgerichts Bamberg vom 15. Mai 1900 wurde die Aufhebung der ehelichen Gemeinschaft in Bezug auf die Kaltenmoser'schen Eheleute ausgesprochen. Hans Kaltenmoser wanderte kurz darauf nach Böhmen aus und erwarb die österreichische Staatsangehörigkeit, nachdem er aus dem bayerischen Staatsverband entlassen worden war; eine Ausnahme im Sinne des § 19 des Gesetzes über die Erwerbung und den Verlust der Bundes- und Staatsangehörigkeit

bezüglich der Karolina Kaltenmoser geb. Winter wurde hiebei nicht gemacht. Letztere ist in Bamberg geblieben und lebt noch dort.

Aufgabe: Es sind auf Grund der mitgetheilten Feststellungen die Staatsangehörigkeitsverhältnisse der im Vorstehenden erwähnten Abkömmlinge des Peter Winter zu ermitteln. Die Entscheidung ist zu begründen.

II. Aufgabe
aus dem Staatsrecht des Deutschen Reichs und des Königreichs Bayern.

Der am 1. November 1818 zu H im Untermainkreise als ehelicher Sohn des dort beheimateten Metzgermeisters Johann Becker geborene Karl Becker diente nach Erreichung des militärpflichtigen Alters in dem in Würzburg garnisonierenden Infanterieregimente, war sodann Grenzaufseher in verschiedenen Stationen des Regierungsbezirkes Niederbayern und wurde im Jahre 1865 als Zollamtsdiener in der Marktgemeinde O Bezirksamts P in Niederbayern angestellt. Am 27. August 1867 wurde ihm durch Beschluß des dortigen Magistrates die Ansässigkeit in der Marktgemeinde O verliehen; eine distriktspolizeiliche Genehmigung dieses Beschlusses wurde bei dem k. Bezirksamte P nicht eingeholt. Am 3. Juni 1868 starb Karl Becker. Seine Geburtsgemeinde H war inzwischen durch den Friedensvertrag vom 22. August 1866 von Bayern an Preußen übergegangen; in Ziffer 3 der Anlage II zu diesem Vertrage (Ges.-Blatt S. 35 ff.) war folgendes bestimmt worden: „Sämtlichen Einwohnern der abzutretenden Gebietsteile bleibt während eines Jahres vom Tage des Austausches der Ratifikationen dieses Vertrages an, die volle Freizügigkeit nach Bayern vorbehalten.“ Ferner ist zu bemerken, daß das bayerische Heimatgesetz vom 11. September 1825 in den von Bayern an Preußen im Jahre 1866 abgetretenen Gebietsteilen bis zur

Erlassung des Gesetzes vom 6. Juni 1870 über den Unterstützungswohnsitz in Geltung blieb.

Welche Staatsangehörigkeit und Heimat hat Karl Becker zur Zeit seines Ablebens besessen?

Aufgabe
aus dem katholischen Kirchenrechte.

I.

In der Stadt L besteht seit Jahrhunderten eine Bruderschaft vom hl. Geiste. Ihr Vermögen wird unter Aufsicht des Vorstandes der Kirchenverwaltung L durch das aus den Mitgliedern gewählte Konzilium verwaltet, das über die Verwendung der Renten alljährlich Rechnung stellt und dem k. Bezirksamte zur Revision vorlegt.

Vor etwa 10 Jahren entstand in L eine Vereinigung von Personen, die sich die Verehrung des hl. Joseph zur Aufgabe machten. Die rasche Zunahme der Mitglieder nötigte bald zur Einführung einer festen Organisation und zur Annahme von Statuten. Nach diesen Statuten, denen vielfach die III. Regel des hl. Franziskus zu Grunde liegt, hießen sich die Vereinigung Oratorium des hl. Joseph und die Mitglieder Oratorianer. An ihrer Spitze steht ein Präses mit einer Anzahl von Kustoden. Die Mitglieder sind verpflichtet zu bestimmten Gebetsübungen, zur Förderung der Ausbreitung der Vereinigung, zu Krankenbesuchen u. dgl. In Angelegenheit des Oratoriums schulden sie dem Präses und dem Kustodium Gehorsam und unterliegen insoweit deren Disziplinargewalt. Auch die Entstehung und Angliederung von Zweigvereinen des Oratoriums in anderen Orten ist in den Statuten geregelt.

Anfangs des Jahres 1900 verstarb zu L ohne Nachkommenschaft der Privatier M. In seinem Testament hatte er die Bruderschaft vom hl. Geiste zu L zum Erben eingesetzt mit der Auflage, den Rücklaß mit Ausnahme einer sehr wertvollen Monstranz zu veräußern und aus dem Ergebnisse den Betrag von 50,000 ℳ an das Oratorium des hl. Joseph hinüberzugeben.

Von diesem Gelde sollte das Oratorium nach weiterer Anordnung des M zunächst ein geeignetes Haus in L ankaufen und zu einem Betsaal umgestalten. Mit dem verbleibenden Rest aber sollte eine Stiftung errichtet und aus deren Renten jener Geistliche honoriert werden, der die Leitung einer in diesem Betsaal einzuführenden täglichen Abendandacht übernimmt.

Beide Gesellschaften entsprachen dem Willen des Erblassers, wobei der Bruderschaft vom hl. Geiste außer der von Kennern auf circa 6 000 ℳ gewerteten Monstranz noch ein Barbetrag von nahezu 5 000 ℳ verblieb. Auch der Ankauf eines Hauses und dessen Umbau zum Betsaal durch das Oratorium des hl. Joseph sind besorgt und es sind dabei von den 50,000 ℳ noch circa 16,000 ℳ verfügbar geblieben. Mit einem zu L kommorierenden Geistlichen ist wegen Abhaltung der täglichen Abendandacht, bestehend in Ansprachen, Litaneien, Gebeten, Gesängen u. s. f., für die Mitglieder des Oratoriums und sonstige Andächtige Vereinbarung getroffen. Kirchlicherseits wurde die Einführung dieser Andacht gestattet.

Beide Vereinigungen wünschen nun jene staatlichen Genehmigungen einzuholen, die zur Sicherung des erlangten Besitzes, dann des Fortbestandes der neuen Abendandacht etwa geboten sind. Das Oratorium will außerdem, da es für seine Entstehung seither noch keinerlei Genehmigung erbeten hatte, gleichzeitig den in dieser Hinsicht allenfalls einschlägigen Vorschriften genügen.

Welche Genehmigungen werden hienach für die Bruderschaft vom hl. Geiste und für das Oratorium des hl. Joseph in Frage zu kommen haben, beziehungsweise von ihnen nachzusuchen sein?

Die Beantwortung dieser Frage ist unter Anführung der maßgebenden gesetzlichen und sonstigen Bestimmungen entsprechend zu begründen.

II.

Der im Jahre 1890 ordinierte Priester A erhielt im Jahre 1896 die landesherrliche Pfarrei W (Landpfarrei mit 519 Seelen und 2167 ℳ fassionsmäßigem Einkommen) ohne Vorbehalt verliehen. A war leidend und in der Ausübung der Pfarr- und Seelsorgsgeschäfte häufig behindert, weshalb das bischöfliche Ordinariat unter Verständigung der k. Regierung von dieser Maßnahme den Neomysten B zu seiner Unterstützung nach W abordnete.

Die lange Dauer dieser Beigabe brachte es mit sich, daß B mitunter, insbesondere während des nicht seltenen Aufenthalts des A in fremden Kurorten, die Pfarrgeschäfte selbständig besorgte, ohne daß hiegegen von irgend einer Seite Anstand erhoben wurde. So hatte er auch anläßlich der im Jahre 1898 wegen großer Entfernung und ungünstiger Wegverhältnisse erfolgten Umpfarrung der Ortschaft R aus der Pfarrei W in die Pfarrei Z namens des Pfarramts W eine zustimmende Erklärung abgegeben.

Von Pfarrer A wurde diese Umpfarrung nachträglich angefochten. Er machte geltend, in Pfarrorganisationsfragen könne ein Pfarrverweser keine bindende Erklärung abgeben, B sei zudem gar nicht Pfarrverweser, ja er könne bei seinen wenigen Priesterjahren als solcher überhaupt noch nicht aufgestellt werden. Er — Pfarrer A — beanspruche wie seither die Stolarien aus der Ortschaft R und, wenn ihm diese, jährlich durchschnittlich 135 ℳ, mit Erfolg verweigert würden, Ersatz hiefür in Gestalt von Einkommensaufbesserung. Er behalte sich außerdem vor, auf gleichem Wege Ersatz für die Kosten der Beigabe eines Hilfsgeistlichen zu verlangen.

Wie ist das Vorbringen des Pfarrers A zu beurteilen?

Um eine Änderung der Verhältnisse herbeizuführen, legte das Ordinariat im Jahre 1899 dem A unter Inaussichtstellung thunlichst baldiger Übertragung eines Benefiziums den Verzicht auf seine Pfründe nahe. A ließ sich hiezu bewegen, und seine bezügliche Erklärung wurde nach landesherrlicher Genehmigung vom Bischofe angenommen, die Pfarrei W aber wurde, da ein geeigneter Bewerber nicht auftrat, vakant gestellt und vikariert.

In der Folge wurden nun, weil sich ein entsprechendes Benefizium für A nicht bald fand, auch diese Vorgänge von ihm wieder angefochten mit der Motivierung, jener Verzicht sei nur auf Andrängen des Ordinariats, sohin unfreien Geistes, ferner auch unter einer später nicht eingetroffenen Voraussetzung abgegeben, also rechtsunwirksam.

Ist diese Anfechtung begründet? Wie kann A sie geltend zu machen suchen, wie wieder in den Besitz der Pfarrpfründe W gelangen?

Die Beantwortung der gestellten Fragen ist unter Anführung der maßgebenden gesetzlichen und sonstigen Bestimmungen entsprechend zu begründen.

Aufgabe
aus dem protestantischen Kirchenrechte.

I.

Im Jahre 1840 wurde zwischen der Krone Bayern und der Regierung eines benachbarten Staates zur Erledigung verschiedener in Ansehung des Grenzgebietes bestehender Differenzen eine Konvention abgeschlossen, in welcher u. a. bezüglich der Grenze bei dem auf dem rechten Ufer der Rottach gelegenen Pfarrdorfe Hohenburg dem seit Jahrzehnten bestehenden Besitzstande entsprechend Folgendes bestimmt wurde:

„Bei dem Pfarrdorfe Hohenburg ist die vorbeifließende Rottach als Grenze gegenseitig anerkannt, so daß die am linken Ufer dieses Baches erbaute sogenannte Bruckmühle und die auf derselben Seite gelegenen Teile der Hohenburger Gemeindeflur mit allen Hoheitsrechten, insbesondere mit der Zivil= und Kriminalgerichtsbarkeit, dem Königreiche Bayern zufallen."

Vor einigen Jahren entstanden Zweifel darüber, ob die in der Bruckmühle wohnenden Protestanten, sowie die protestantischen Bewohner eines Wirtschaftsanwesens, welches im Jahre 1890 ohnweit der Bruckmühle auf einem bis zu dieser Zeit dem Besitzer der Bruckmühle gehörigen Grundstücke errichtet worden war, zum Verbande der protestantischen Pfarrei Hohenburg gehören oder nicht.

Die erwähnten Protestanten stellten ihre Zugehörigkeit zu diesem Pfarrverbande in Abrede. Sie gaben zwar zu, bis in die jüngste Zeit vom protestantischen Pfarrer in Hohenburg pastoriert worden zu sein, behaupteten aber, die Postoralhandlungen des letzteren seien nur als charitative zu erachten gewesen, wobei sie geltend machten, daß, nachdem die Krone Bayern zufolge der Konvention vom Jahre 1840 alle Hoheitsrechte über die Bruckmühle und die auf der linken Seite der Rottach gelegenen Teile der früheren Hohenburger Gemeindeflur erworben habe, dem bayerischen Landesherrn als summus episcopus der bayerischen protestantischen Landeskirche auch die Kirchengewalt über das genannte Gebiet zugefallen sei, und daß daher ihre öffentlichrechtlichen Beziehungen zu der im benachbarten Staate gelegenen Pfarrei Hohenburg seit dem genannten Jahre sich gelöst hätten. Letzteres ergebe sich auch daraus, daß es für den Landesherrn des benachbarten Staates nach Abtretung des auf der linken Seite der Rottach gelegenen Gebietes an Bayern an jeder rechtlichen Unterlage für den Fortbestand der früheren Parochialverhältnisse fehle.

Das protestantische Pfarramt Hohenburg dagegen nahm sowohl die Bruckmühle als das in Rede stehende Wirtschaftsanwesen beziehungsweise deren protestantische Bewohner als zur Pfarrei Hohenburg gehörig in Anspruch.

Die Kirchengewalt des summus episcopus sei kein eigentliches Hoheitsrecht. Die Erwerbung der Hoheitsrechte über ein bestimmtes Gebiet habe daher einerseits die Erwerbung der Kirchengewalt über dieses Gebiet nicht notwendig zur Folge und schließe andrerseits das Fortbestehen der Kirchengewalt des früheren Landesherrn über das abgetretene Gebiet nicht aus. Thatsächlich seien auch eine Reihe von bayerischen Grenzgebieten in ausländische protestantische Pfarreien und ausländische Grenzgebiete in protestantische Pfarreien Bayerns imparochiert. Hienach sei die Zugehörigkeit der Bruckmühle zur protestantischen Pfarrei Hohenburg infolge der Konvention von 1840 keineswegs als gelöst zu erachten, wie es denn auch bei den Verhandlungen, welche zum Abschlusse dieser Konvention geführt haben, in keiner Weise zum Ausdrucke gebracht worden sei, daß mit den Hoheitsrechten über die Bruckmühle auch die Kirchengewalt in Ansehung dieser Mühle auf Bayern übergehen sollte. Hiezu komme, daß die Parochialzugehörigkeit des in Rede stehenden Gebietes zu Hohenburg vor dem Jahre 1840 niemals beanstandet worden sei, trotzdem die Krone Bayern alle Hoheitsrechte über dieses Gebiet schon Jahrzehnte lang vor dem Abschlusse der Konvention thatsächlich ausgeübt habe, sowie daß sich Differenzen in dieser Beziehung auch nach dem Jahre 1840 bisher nicht ergeben hätten.

In Ansehung der Parochialverhältnisse der Protestanten des neu erbauten Wirtschaftsanwesens müsse das Gleiche gelten, wie bezüglich der Protestanten der Bruckmühle selbst, da das genannte Anwesen auf einem bis zum Jahre 1890 zu dieser Mühle gehörigen Grundstücke errichtet worden sei.

Die Angaben des Pfarramtes Hohenburg in thatsächlicher Beziehung sind zutreffend.

Frage 1.

Gehören die protestantischen Bewohner der Bruckmühle und des in deren Nähe erbauten Wirtschaftsanwesens zum Verbande der protestantischen Pfarrei Hohenburg?

Bejahenden Falls ist deren Umpfarrung in eine bayerische Pfarrei durch die Zustimmung der benachbarten Regierung bedingt?

Die Bruckmühle wurde samt dem auf dem linken Ufer der Rottach gelegenen Teile der vormaligen Hohenburger Gemeindeflur bayerischerseits bei der im Jahre 1818 erfolgten Bildung der Bezirke der politischen Gemeinden der mit ihr räumlich zusammenhängenden nächstgelegenen bayerischen Gemeinde Brunnthal zugeteilt, welche seit langer Zeit ein Bestandteil der bayerischen protestantischen Pfarrei Neukirchen ist.

Frage 2.

Gesetzt die Frage 1 Absatz 1 wäre zu verneinen, müßten die Bruckmühle und das mehrerwähnte Wirtschaftsanwesen beziehungsweise deren protestantische Bewohner auch ohne förmliche Imparochierung in die protestantische Pfarrei Neukirchen als zu dieser gehörig betrachtet werden?

Die Erörterung der Frage der Parochialzugehörigkeit der Bruckmühle und des Wirtschaftsanwesens war dadurch veranlaßt worden, daß der Besitzer der Bruckmühle sich weigerte, die für die Taufe seines Kindes von dem Pfarrer von Hohenburg beanspruchte Gebühr zu entrichten.

Frage 3.

Welche Behörden sind zuständig zur Verbescheidung eines von dem Pfarrer von Hohenburg gegen den Besitzer der Bruckmühle geltend gemachten Anspruches auf Entrichtung der Taufgebühr?

II.

Mit einem testamentarisch zur Verfügung gestellten Geldbetrage soll eine selbständige Stiftung errichtet werden, deren Zinsen zu Unterstützungen für bedürftige Waisen von protestantischen Geistlichen der Stadt N. Verwendung finden sollen. Die Verwaltung der Stiftung soll dem protestantischen Kirchenvorstande in N. übertragen werden, die Beaufsichtigung derselben dem protestantischen Konsistorium zustehen.

Welche Behörden sind zuständig, die Verhandlungen zu führen, welche behufs Erwirkung der staatlichen Genehmigung zur Entstehung dieser Stiftung notwendig sind?

Bestehen Bedenken, diese staatliche Genehmigung unter den vom Stifter festgesetzten Modalitäten zu erteilen und eventuell welche?

Die Antworten auf die gestellten Fragen sind näher zu begründen.

Aufgabe
aus dem Polizeirecht.

Der Bergwerksbesitzer G, welchem in einem theils ihm theils dem Grundbesitzer M gehörigen Felde von 150 ha das Bergwerkseigenthum auf Eisen verliehen war, beabsichtigt zur Aufbereitung der gewonnenen Erze eine Anlage auf dem angrenzenden Grunde des Gutsbesitzers M zu errichten, welch' letzterer sich jedoch weigert, den hiefür nöthigen Grund abzutreten.

Als Triebkraft für das Pochwerk will G ein von ihm erschrotenes Grubenwasser auf Grund des Art. 181 des Berggesetzes in der Fassung der Bekanntmachung vom 20. Juli 1900 benützen, welches seinen Ablauf auf die Grundstücke des M nimmt, die letzteren durch Ueberrieselung mit Schlamm und Kies erheblich schädigt und sich später mit einem gleichfalls auf dem Grunde des M fließenden Bache vereinigt.

Um die gewonnenen Mineralien zur Aufbereitungsanstalt und die verkaufsfähigen bearbeiteten Produkte von da zur nächstgelegenen Eisenbahnstation verbringen zu können, will G eine mit elektrischer Kraft betriebene Eisenbahn bauen, welche über Grundstücke des M führt und auch eine Distriktsstraße kreuzt. Eine Einigung zwischen G und M über die

Ueberlassung des erforderlichen Grund und Bodens kommt auch hier nicht zu Stande, während die Vertretung der betheiligten Distriktsgemeinde ihre Zustimmung zur Benützung der Distriktsstraße gegen eine jährliche Vergütung und unter der Bedingung, daß die von der zuständigen Behörde der Verkehrssicherheit wegen geforderten Maßnahmen ausgeführt werden, ertheilt.

Der Bergwerksbesitzer G stellte mit Rücksicht auf die Weigerung des Gutsbesitzers M bei der zuständigen Behörde den Antrag auf Einleitung des Verfahrens wegen Ueberlassung des erforderlichen Grund und Bodens sowohl für die Aufbereitungsanstalt als für die Privateisenbahn.

Bei der Verhandlung über den Antrag wurde zunächst eine gütliche Uebereinkunft zu erzielen versucht, jedoch ohne Erfolg.

G bringt bei der Verhandlung vor, daß die Aufbereitungsanstalt, für welche er die vorhandene Wasserkraft benützen könne, für ihn von großem Vortheil sei, wie das Bergwerksunternehmen auch nur dann gewinnbringend betrieben werden könne, wenn der Transport der Mineralien und Produkte durch die geplante Eisenbahn bewerkstelligt werde.

Dagegen führt M aus, daß die Aufbereitungsanstalt zwar für den Bergbaubetrieb des G erforderlich sei, daß dieselbe jedoch für die Nachbarschaft erhebliche Nachtheile und Belästigungen herbeiführen würde, den Grund und Boden entwerthe und daß deshalb hiefür zunächst die Genehmigung nach § 16 ff. der Gewerbeordnung zu erwirken sei, die kaum ertheilt werde; hienach könne von seiner Verpflichtung zur Ueberlassung des Grund und Bodens keine Rede sein.

Ferner habe G, bringt M weiter vor, um das von ihm erschrotene Grubenwasser als Triebkraft für die Aufbereitungsanstalt benützen zu können, dem Wasser eine seine des M Grundstücke schädigende Richtung gegeben und müsse er um Abhilfe ersuchen. In dieser Hinsicht räumt G ein, daß er dem Grubenwasser allerdings eine vom natürlichen

Laufe abweichende Richtung durch ein innerhalb des Bergwerks angelegtes künstliches Gerinne gegeben habe, daß jedoch nach dem Ausfluß aus dem künstlichen Gerinne das Wasser außerhalb des Bergwerkes dem natürlichen Laufe folge. Im Uebrigen würde das Wasser, auch wenn es nicht künstlich abgeleitet wäre, das Grundstück des M an einer anderen Stelle schädigen. M gibt dies zu, besteht aber darauf, daß das Wasser seinen ursprünglichen Lauf behält.

M erklärt ferner, daß er durch den Bau der Aufbereitungsanstalt genötigt werde, die Zufahrt zu einem Oekonomiegebäude zu ändern, wodurch ihm 200 ℳ Kosten erwachsen, deren Ersatz er beanspruche. G gibt die Verlegung der Zufahrt als nötig zu, bestreitet jedoch seine Entschädigungspflicht, da er eine Abtretung des Gebäudes nicht beanspruche.

Hinsichtlich der elektrischen Bahn wendet M ein, daß G solche nicht nur zur Abfahrt der gewonnenen Produkte, sondern auch zum Transporte von Steinen aus einem dem G gehörigen in der Nähe gelegenen Steinbruche benützen wolle und daß hiefür die Ueberlassung von Grund und Boden nicht gefordert werden könne.

Auch bedürfe G der Genehmigung der Kreisregierung nach § 15 der Verordnung vom 20. Juni 1855, betreffend die Erbauung von Eisenbahnen, während G unter Berufung auf Art. 156 des Berggesetzes dies bestreitet.

M beantragt, die Ansprüche des G auf Ueberlassung des Grund und Bodens für die Aufbereitungsanstalt und die Privateisenbahn abzuweisen und denselben anzuhalten, dem Grubenwasser einen solchen Ablauf zu geben, daß jede Schädigung seiner des M Grundstücke ausgeschlossen werde. G hält seinen Antrag auf Ueberlassung des erforderlichen Grund und Bodens für die beiden Unternehmungen aufrecht und lehnt die anderweite Ableitung des Grubenwassers ab.

Der Bescheid des Senats der Kreisregierung ist zu entwerfen und sind in der Begründung die sämtlichen Einwendungen des M sachlich zu würdigen.

Aufgabe
aus der Volkswirthschaftslehre und Sozialgesetzgebung.

Nach welchen Richtungen hat sich bisher die Arbeiterschutzgesetzgebung des Deutschen Reiches bewegt?

Welche Wirkungen hat dieselbe für Industrie und Gewerbe geübt, welches sind die Vortheile und Nachtheile für die Arbeitgeber, dann die Arbeiter?

In welchen Beziehungen ist ein weiterer Ausbau dieser Gesetzgebung geboten oder doch erwünscht und weshalb?

I. Aufgabe
aus der Staatsfinanzwirthschaft.

Was versteht man unter einem Steuernachlasse im Sinne des einschlägigen bayerischen Gesetzes? Unter welchen formellen und materiellen Voraussetzungen wird derselbe gewährt und welche praktische Beispiele eines solchen Steuernachlasses sind insbesondere namhaft zu machen? Darf auch an Grundgefällen des Staates ein Nachlaß gewährt werden, wenn ja, auf Grund welcher Bestimmungen und unter welchen besonderen Voraussetzungen?

Sind außer den im ersten Absatze gedachten, gesetzlich vorgesehenen Nachlässen sonstige Nachlässe (d. h. Nachlässe an rückständigen Staatsgefällen aller Art) gänzlich ausgeschlossen, eventuell, aus welchen Gründen können solche erfolgen?

Welche Grundsätze und Bestimmungen gelten hinsichtlich des Nachlasses von Kreis- und Gemeinde-Umlagen?

Auf welche Steuergattungen finden die obengedachten gesetzlichen Bestimmungen über Steuernachlässe Anwendung, für welche Steuergattungen sind sie unanwendbar, bzw. gegenstandslos? Wäre bezüglich derjenigen Steuergattungen, auf welche das Steuernachlaßgesetz Anwendung findet, bei einer etwaigen Revision des Steuernachlaßgesetzes oder der betreffenden Steuergesetze die Statuirung neuer, weiterer Steuernachlaßgründe veranlaßt? Welche Vorschläge sind in dieser Beziehung hervorzuheben?

Bei Beantwortung der gestellten Fragen haben die Kandidaten von der diesrheinischen Gesetzgebung auszugehen, jedoch das pfälzische Nachlaßrecht kurz zu berühren.

II. Aufgabe
aus der Staatsfinanzwirthschaft.

Was versteht man unter dem Postcheckverkehr und welche volkswirthschaftliche und finanzielle Vortheile sind mit dieser Einrichtung verbunden?

Welche Hauptgrundsätze sind durch die Gesetzgebung des Deutschen Reiches für eine etwaige Einführung und vorläufige Regelung des Postcheckverkehrs festgelegt worden? Finden die betreffenden Bestimmungen auf Bayern unmittelbare Anwendung oder bedarf es hiezu der Einführung durch die Landesgesetzgebung, bzw. durch die bayerische Staatsregierung? In welcher Weise hätte hiebei die Anlage der der Postverwaltung zufließenden Gelder zu erfolgen.

Welche sonstige Bestimmungen der für das Deutsche Reich geltenden Gesetzgebung betreffen den Check im Allgemeinen?

Welche Gründe sprechen dagegen, der Postverwaltung außer der Annahme der im Postcheckverkehr veranlaßten Einlagen auch die Annahme verzinslicher Einlagen überhaupt zu übertragen?

Praktischer Fall
aus dem Gebiete der inneren Verwaltung.

I.

Die im Handelsregister eingetragene Firma „Sandsteinwerk A“, deren Inhaber der in der Gemeinde B wohnende Kaufmann Friedrich Schneider und der gleichfalls daselbst wohnende und heimathberechtigte Oekonom Johann Schuster sind, besitzt einen in der benachbarten Gemeinde C, k. Bezirksamts D, gelegenen Steinbruch, welcher gewerbsmäßig nach technischen Regeln in der Weise ausgebeutet wird, daß die gebrochenen Steine theils im unbearbeiteten theils im bearbeiteten Zustande verkauft werden.

In diesem Steinbruche, dessen Betrieb in der Gemeinde C eingesteuert und für welchen daselbst eine Bauhütte mit Bureau eingerichtet ist, beschäftigt die genannte Firma während des ganzen Jahres 15 bis 20 Arbeiter, unter diesen befindet sich auch seit 3 Monaten der 24jährige Sohn des obengenannten Oekonomen Schuster, Konrad Schuster.

Diesem Letzteren ist zugleich die Aufsicht auf die übrigen Arbeiter, die Führung der Lohnlisten, die Auszahlung der Löhne und soweit es sich um die Bestellungen von Steinen handelt, die Vertretung der Firma übertragen.

Die Bestellungen der Steine erfolgen theils auf dem Comptoir des Kaufmanns F. Schneider in B, theils in C bei dem vorgenannten Vorarbeiter.

Dieser bezieht für seine Dienste, welche er der Firma leistet, per Tag 2 ℳ 30 ₰, er ist jedoch nur vormittags im Steinbruche thätig, nach 11 Uhr begibt er sich zu seinem Vater nach B, in dessen landwirthschaftlichem Betriebe er die übrige Zeit des Tages beschäftigt ist. Nur abends, bevor die Steinbrucharbeiter Feierabend machen, sieht er noch einmal im Steinbruche behufs Kontrolle der Arbeiter nach.

Bei seinem Vater hat Konrad Schuster freie Verköstigung und Wohnung.

In der Gemeinde C besteht eine Ortskrankenkasse für alle in der Gemeinde C beschäftigten, gewerblichen Arbeiter, zu welcher auch die Steinbrucharbeiter der Firma „Sandsteinwerk A", somit auch Konrad Schuster rechtzeitig angemeldet worden waren und an welche Krankenkasse auch für diese Arbeiter die Krankenversicherungsbeiträge bezahlt wurden.

Die genannte Ortskrankenkasse gewährt ihren Mitgliedern nach dem genehmigten Statute die gesetzliche Krankenunterstützung nach §§ 6 u. 7 des Reichskrankenversicherungsgesetzes, wobei der durchschnittliche Taglohn der Steinbrucharbeiter mit 2 ℳ 30 ₰ angenommen ist.

Außerdem ist festgesetzt, daß freiwillige Mitglieder einen Anspruch auf Krankenunterstützung nur dann besitzen, wenn sie mehr als 4 Monate der Ortskrankenkasse angehört haben. Nach dem Statute sind auch berechtigt, der Kasse als Mitglieder beizutreten, diejenigen versicherungspflichtigen Personen, welche von der Verpflichtung, der Kasse anzugehören, wegen Betheiligung an einer dem § 75 des Reichskrankenversicherungsgesetzes genügenden Hilfskasse befreit sind.

Als Kassenärzte sind zwei praktische Ärzte in C aufgestellt. Zur Gewährung der Krankenhilfe nach § 7 a. a. O. wurde das Gemeindekrankenhaus in C bestimmt, zugleich aber auch ausgesprochen, daß die Bezahlung der durch Inanspruchnahme anderer Aerzte oder Krankenhäuser entstandenen Kosten, von dringenden Fällen abgesehen, von der Ortskrankenkasse abgelehnt werde.

II.

Als sich Konrad Schuster am Samstag den 15. Juli 1899 behufs Vornahme der Arbeiterkontrolle auf einem auch zum Steinbruche in C führenden Feldwege befand, erlitt derselbe einen Unfall dadurch, daß er, als er vom Wege aus von einem angrenzenden, im Gemeindebezirke B gelegenen Acker seines Vaters Steine und Unkraut entfernen wollte, am Wegrande ausrutschte, in den Acker fiel und hiebei den linken Fuß brach.

Der verunglückte Schuster wurde von einem zufällig des Weges kommenden Fuhrwerke aus der Gemeinde F aufgenommen und in das Distriktskrankenhaus zu F gefahren, nachdem der Fuhrmann die Verbringung des Genannten in das Krankenhaus nach C verweigert hatte.

Von der Krankenhausaufnahme des Schuster, welcher sich als krankenversicherungspflichtig in C bezeichnet hatte, erstattete die Distriktskrankenhausverwaltung noch am 15. Juli 1899 Anzeige an die Ortskrankenkasse in C, an den Armenpflegschaftsrath und die Gemeindeverwaltung in B, sowie an die eingeschriebene Hilfskasse für die Steinbrucharbeiter in C und Umgebung, nachdem Schuster bei seiner Aufnahme in das Krankenhaus angegeben hatte, daß er während seiner Beschäftigung im Steinbruche zu C dieser Hilfskasse beigetreten sei und an diese, wie auch an die Ortskrankenkasse in C die statutenmäßigen Kassenbeiträge bezahlt habe.

Die erwähnte Hilfskasse gewährt ihren Mitgliedern nach dem Statute für die Dauer von 13 Wochen freie ärztliche Behandlung u. s. w. nach § 6 Abs. I Ziff. 1 des Reichskrankenversicherungsgesetzes und im Falle der Erwerbsunfähigkeit Krankengeld für jeden Arbeitstag im Betrage von 90 Pfennige vom dritten Tage nach dem Tage der Erkrankung. Der ortsübliche Taglohn für erwachsene männliche Arbeiter ist in C auf 2 *M* festgesetzt.

Bestimmungen über die Behandlung kranker Mitglieder in einem Krankenhause enthält das Statut der Hilfskasse nicht.

Die genannte Kasse ist als eingeschriebene Hilfskasse im Sinne des § 75 des Reichskrankenversicherungsgesetzes vom 10. April 1892 anerkannt und besitzt hierüber eine Bescheinigung gemäß § 75a dieses Gesetzes.

In der Gemeinde B ist die Krankenversicherungspflicht auf land- und forstwirthschaftliche Arbeiter statutarisch nicht erstreckt, der ortsübliche Taglohn für erwachsene männliche Arbeiter ist in der Gemeinde B auf 2 Mark festgesetzt.

Auf die erwähnte Anzeige erfolgte von keiner Seite eine Rückäußerung.

Nach Verlauf von 14 Tagen ließ sich nun Schuster am Samstag den 29. Juli 1899 zu seinem Vater nach B transportieren, woselbst er auf Veranlassung des Letzteren in die Behandlung des praktischen Arztes Dr. H in F trat. Hievon erstattete der Vater des Genannten am 30. Juli 1899 Anzeige an den Armenpflegschaftsrath und die Gemeindeverwaltung in B, sowie an die Ortskrankenkasse in C, und zwar an ersteren unter Bezugnahme auf seine mißlichen Vermögensverhältnisse, nach welchen er in keinem Falle im Stande sei, die ärztlichen Kosten oder Medikamente zu bestreiten, sich vielmehr in dieser Beziehung an die Heimathgemeinde halten müsse.

In der Behandlung dieses Arztes verblieb Schuster, welcher am 1. September 1899 noch an Lungenentzündung erkrankt war, bis zum 28. Oktober 1899, bis zu welchem Zeitpunkte auch seine Erwerbsunfähigkeit dauerte.

Auch im Verlauf dieser Krankheit hatte weder die Ortskrankenkasse in C. noch der Armenpflegschaftsrat oder die Gemeindeverwaltung in B eine Äußerung abgegeben, obwohl letztere auch von Johann Schuster über diese Erkrankung verständigt worden waren. Auf die Behandluug und Verpflegung des Schuster im Distriktskrankenhause zu F erwuchsen 33 ℳ (nämlich 14 × 2 ℳ tarifmäßige Tagesgebühr = 28 ℳ + 5 ℳ Kosten für den Transport vom Distriktskrankenhause nach B), auf die ärztliche Behandlung in B nach der vorgelegten amtsärztlich revidierten Rechnung des praktischen Arztes Dr. H in F 150 ℳ (nämlich 90 ℳ für die Behandlung des Beinbruchs und 60 ℳ für die Behandlung der Lungenentzündung, wobei zu bemerken ist, daß auf die Zeit nach dem 17. Oktober 1899 30 ℳ treffen, für Medikamente aus der Apotheke in F wurden 30 ℳ liquidiert, von diesen treffen 10 ℳ bis zum 1. September, 10 ℳ auf die Zeit vom 1. September bis 17. Oktober 1899, 10 M auf die Zeit nach dem 17. Oktober 1899.

Die Distriktskrankenhausverwaltung in F und Konrad Schuster verlangten nun von der Ortskrankenkasse in C die Bezahlung der vorerwähnten Kurkosten und außerdem ꝛc. Schuster auch das gesetzliche Krankengeld für die Dauer seiner Erwerbsunfähigkeit und zwar in erhöhtem Betrage nach Maßgabe der Bestimmungen des Unfallversicherungsgesetzes vom 6. Juli 1884, da ein Unfall im gewerblichen Betriebe die Erkrankung veranlaßt habe.

Da die genannte Ortskrankenkasse auf diese Anforderungen nicht antwortete, wendete sich Schuster an die eingeschriebene Hilfskasse für Steinbrucharbeiter in C und Umgebung, welche ebenfalls Anfangs keine Zahlung leistete.

Die vorgenannten Betheiligten (die Distriktskrankenhausverwaltung und K. Schuster) trugen daher das Sachverhältnis dem k. Bezirksamt D vor mit dem Antrage, die Ortskrankenkasse in C, eventuell die eingeschriebene Hilfskasse für die Steinbrucharbeiter in C und Umgebung oder die sonst als zahlungsflichtig in Betracht kommende Kasse oder Gemeinde zur Gewährung der von denselben beanspruchten Leistungen, bezw. zur Bezahlung der liquidierten Beträge zu verurtheilen.

Das k. Bezirksamt D konstatierte zu den Akten, daß in die Zeit vom 15. bis 29. Juli 1899 zwei Sonntage und in die Zeit vom 29. Juli bis 17. Oktober 1899 14 Sonn- und Feiertage fallen und leitete die Sachinstruktion ein.

III.

In der letzteren wurden nachstehende Erklärungen abgegeben:

1. Von der Ortskrankenkasse in C.

Die Steinbrucharbeiter der Firma „Sandsteinwerk A“ seien aus Irrtum zur Ortskrankenkasse in C angemeldet und angenommen worden, dieselben wären sämtlich in B versicherungspflichtig, wo sich der Sitz des Gewerbebetriebes befinde, die Rückzahlung der geleisteten Krankenkassebeiträge werde offeriert.

Konrad Schuster sei zudem kein gewerblicher Arbeiter, sondern mit Rücksicht auf seine Hauptbeschäftigung im landwirthschaftlichen Betriebe seines Vaters als landwirthschaftlicher Arbeiter zu betrachten.

Der Unfall und die Erkrankung desselben wäre auch durch eine landwirthschaftliche Beschäftigung verursacht worden. Weiter komme aber in Betracht, daß Schuster zur Zeit seines Unfalles der eingeschriebenen Hilfskasse für die Steinbrucharbeiter in C und Umgebung angehört habe, deshalb eventuell nur freiwilliges Mitglied der Ortskrankenkasse in C werden beziehungsweise bleiben konnte. Da nun das Statut der letzteren Kasse für den Anspruch der freiwilligen Mitglieder eine viermonatliche Karenzzeit vorschreibe, so könne Schuster mit Rücksicht auf seine nur cirka dreimonatliche Beschäftigung in C überhaupt keinen Anspruch an die Ortskrankenkasse in C erheben. In jedem Falle müsse bei etwaigem Vorhandensein einer Doppelversicherung eine Kürzung der Krankenunterstützung eintreten.

Übrigens habe sich der Genannte mit Umgehung der Ortskrankenkasse in C eigenmächtig Krankenhilfe verschafft, weshalb er auf eine Krankenunterstützung beziehungsweise auf Ersatz der Kurkosten keinen Anspruch geltend machen könne.

Da Schuster mit Rücksicht auf die desfallsigen Bestimmungen des Statuts kein Recht auf Krankenunterstützung habe, so könne auch von der Distriktskrankenhausverwaltung in F keine Ersatzforderung für Kurkosten erhoben werden.

Bei der eigenmächtigen Krankenhilfebeschaffung könne auch nicht von einem Krankengelde, noch weniger von einem erhöhten Krankengelde die Rede sein, da, wie bemerkt, überhaupt nur ein landwirthschaftlicher Betriebsunfall vorliegen würde. Die Inanspruchnahme der Ortskrankenkasse in C sei in dieser Beziehung unzulässig, da den höheren

Betrag über das statutarische Krankengeld in allen Fällen der Betriebsunternehmer zu bezahlen habe.

Eventuell werde noch bemerkt, daß für die auf Behandlung der Lungenentzündung erwachsenen Kosten kein Ersatz geltend gemacht werden könne, da diese Erkrankung mit dem Unfalle des Schuster in keinem Zusammenhange stehe. Unter allen Umständen könnten die im Distriktskrankenhause zu F erwachsenen Kosten nur bis zur Höhe der Hälfte des Krankengeldes für diese Zeit ersetzt verlangt werden, auch sei ein Ansatz für Transportkosten unzulässig, da Schuster im Krankenhause jedenfalls bessere Behandlung und Verpflegung, als zu Hause gefunden hätte, somit ein Transport zu seinem Vater nicht veranlaßt gewesen und demgemäß die Transportkosten nicht ein Teil der Kurkosten seien.

2. Die eingeschriebene Hilfskasse für die Steinbrucharbeiter in C und Umgebung machte zunächst geltend, daß die Verwaltungsbehörden überhaupt nicht zur Entscheidung bezüglich der gegen sie erhobenen Ansprüche zuständig seien, da ihr Statut nicht vollständig dem § 75 des Reichskrankenversicherungsgesetzes entspreche. Eventuell wurde bemerkt, daß Schuster infolge seiner Beschäftigung Pflichtmitglied der Ortskrankenkasse in C gewesen sei, daher diese in erster Linie für Krankenhilfe einzustehen, beziehungsweise hier Ersatz zu leisten habe. Aber auch wenn die Ortskrankenkasse in C denselben als freiwilliges Mitglied betrachten würde, müsse sie die statutenmäßige Krankenunterstützung gewähren, da gemäß § 26a Abs. II Ziff. 4 des Reichskrankenversicherungsgesetzes für freiwillige Mitglieder nur eine Karenzzeit von sechs Wochen festgesetzt werden könne, welche hier auf Seite des Schuster längst abgelaufen gewesen. Übrigens habe die Hilfskasse ihrer Verpflichtung gegenüber Schuster dadurch vollständig genügt, daß sie das statutarische Krankengeld für 13 Wochen an den Genannten bezahlt habe, während ein Ersatz der Kurkosten wegen Umgehung der Kasse durch Schuster nicht verlangt werden könne.

3. Die Gemeindeverwaltung B erklärte:

Schuster sei zur Zeit seines Unfalles gewerblicher Arbeiter in C gewesen und daher dort, wo er beschäftigt war, krankenversicherungspflichtig. Da die Voraussetzungen des § 5a des Reichskrankenversicherungsgesetzes nicht gegeben seien, so käme hier § 5 dieses Gesetzes zur Anwendung und sei gemäß § 16 a. a. O. ꝛc. Schuster Angehöriger der Ortskrankenkasse in C gewesen. Als landwirthschaftlicher Arbeiter würde übrigens Schuster auch der Gemeindekrankenversicherung in B nicht unterliegen, weil die Vorschriften des § 1 des R.-K.-V.-Ges. in der Gemeinde B statutarisch auf land- und forstwirthschaftliche Arbeiter nicht erstreckt worden seien. Auch § 10 des land- und forstwirthschaftlichen Unfallversicherungsgesetzes vom 5. Mai 1886 könne hier nicht in Betracht kommen, da, abgesehen von der Angehörigkeit des Schuster zur Ortskrankenkasse in C und der Alimentationspflicht des Vaters, nicht ein landwirthschaftlicher, sondern ein gewerblicher Betriebsunfall vorliege; denn der Genannte sei auf dem Wege zum Steinbruche und zur Vornahme der Kontrole der Steinbrucharbeiter, also auf dem Wege zum gewerblichen Betriebe, somit im Bereiche desselben verunglückt. Zudem habe Schuster der eingeschriebenen Hilfskasse für die Steinbrucharbeiter in C und Umgebung angehört, sei also schon aus diesem Grunde nicht Mitglied der Gemeindekrankenversicherung in B gewesen.

4. Der Armenpflegschaftsrath der Gemeinde B bemerkte, daß bei vorliegender Krankenversicherung des Schuster dessen Heimatgemeinde B bezüglich der fraglichen Kurkosten nicht ersatzpflichtig sein könne, da die Voraussetzungen der Art. 3 und 4 des Armengesetzes nicht gegeben seien.

Abgesehen hievon hätten aber weder der prakt. Arzt Dr. H in F, welcher die ärztliche Hilfe geleistet, noch der Apothekenbesitzer in F Anzeige an den Armenpflegschaftsrath des Ortes der Hilfeleistung erstattet.

Hiebei müsse allerdings zugegeben werden, daß die Vermögensverhältnisse des Vaters des Verunglückten, welcher ohnehin auf den Unterhalt und die Pflege seines Sohnes nicht unbedeutenden Aufwand habe machen müssen, zur Zeit des Unfalles bereits so mißlich waren, daß er nur durch Aufnahme einer Schuld, wenn dies etwa sein Kredit noch ermöglichte, Kurkosten für seinen Sohn hätte bezahlen können, welcher selbst sich bisher nichts erspart habe und vollständig vermögenslos gewesen sei.

5. Der alimentationspflichtige Vater des Genannten, der Oekonom Johann Schuster, erklärte, daß die Angaben des Armenpflegschaftsraths B über seine Vermögensverhältnisse richtig seien, der praktische Arzt Dr. H in F ihm in Berücksichtigung seiner Verhältnisse Nachsicht gegeben habe und er mit der Geltendmachung des Ersatzanspruches durch seinen Sohn bezüglich der fraglichen Kurkosten einverstanden sei.

6. Das Sandsteinwerk A bestritt, daß ein gewerblicher Betriebsunfall hier vorliege, da Schuster während einer landwirthschaftlichen Beschäftigung außer dem Bereiche des Steinbruchbetriebes verunglückt sei. Von einem erhöhten Krankengelde auf Grund des Unfallversicherungsgesetzes könne also keine Rede sein.

Übrigens sei in erster Linie diejenige Kasse, welche das Krankengeld auf Grund des K.-K.-V.-Ges. zu leisten habe, auch zur Gewährung des höheren Krankengeldes verpflichtet.

7. Die Distriktskrankenhausverwaltung in F blieb auf ihrem Anspruche bezüglich des Kurkostenersatzes bestehen mit dem Bemerken, daß Schuster sich nicht eigenmächtig Krankenhilfe verschafft habe, sondern ein dringender Fall vorgelegen sei, welcher seine Aufnahme in das Distriktskrankenhaus zu F nothwendig gemacht habe.

Die Tarife des Krankenhauses in C und des Distriktskrankenhauses in F seien zudem gleichhoch. Abgesehen hievon könne das Verhalten des Schuster nicht den Ersatzanspruch der Distriktskrankenhausverwaltung beeinflussen. Der Genannte habe auf Grund seiner Angehörigkeit zur Ortskrankenkasse in C oder zur Gemeindekrankenversicherung in B gesetzlichen Anspruch auf Krankenunterstützung gehabt, die Distriktskrankenhausverwaltung mache also nur das Recht des Versicherten geltend, wenn sie den vollen Betrag der Kurkosten beanspruche. Hiezu mußten auch die Transportkosten gerechnet werden, da keine der benachrichtigten Kassen sich um den Verunglückten angenommen, somit dieser das Recht hatte, sich zu seinem Vater behufs Fortsetzung der Krankenhilfe verbringen zu lassen. Eventuell habe für die sämtlichen von der Distriktskrankenhausverwaltung liquidierten Kosten die Heimathsgemeinde B aufzukommen.

8. Konrad Schuster hält ebenfalls seinen Kurkosten- und Krankengeldanspruch aufrecht und zwar in erster Linie gegen die Ortskrankenkasse in C, deren Pflichtmitglied er trotz freiwilligen Beitritts (während seiner Pflichtmitgliedschaft) zur eingeschriebenen Hilfskasse in C geblieben sei, da er von seinem Rechte, aus der Ortskrankenkasse in C auszutreten, keinen Gebrauch gemacht, vielmehr die Kassenbeiträge fortbezahlt habe.

Deshalb könnten auch die statutarischen Bestimmungen der genannten Ortskrankenkasse über eine viermonatliche Karenzzeit für freiwillige Mitglieder auf ihn keine Anwendung finden.

Er habe sich nicht eigenmächtig Krankenhilfe verschafft, sich vielmehr in seinem Unglücksfalle nicht anders helfen können, zumal die Ortskrankenkasse, wie die eingeschriebene Hilfskasse, nach der Benachrichtigung sich nicht um ihn angenommen hätten.

Von letzterer Kasse habe er zwar das statutenmäßige Krankengeld mit 90 ₰ per Tag erhalten, allein da der ortsübliche Taglohn in C 2 ℳ betrage (ebenso in B), so sei diese Leistung ungenügend.

Eine Kürzung der Krankenunterstützung könne nicht eintreten, da er an die beiden genannten Kassen Kassenbeiträge bezahlt habe.

Aufgabe:

Der Beschluß des kgl. Bezirksamts D, in welchem alle Einwendungen der Betheiligten unter Anführung der einschlägigen gesetzlichen Bestimmungen, insbesondere auch für die Zuständigkeit der entscheidenden Behörde zu würdigen sind, ist zu entwerfen.

Der Sachverhalt ist nur soweit zu wiederholen, als zur rechtlichen Ausführung nothwendig ist.

Spezielle Aufgaben
für die
Rechtspraktikanten in der Pfalz 1900.

I. Aufgabe
aus dem bürgerlichen Rechte und dem Civilprozeßrechte für die Kandidaten der Pfalz.

(Landesrecht.)

I.

Die Gutsbesitzer Huber und Mayer sind Pächter zweier aneinandergrenzender Jagdgebiete. Fröhlich ist von Mayer als Jagdaufseher angestellt. An der Grenze der beiden Jagdbezirke — zu beiden Seiten — ist nur ein geringer Wildstand. Rehe sind hier fast gar keine vorhanden; Hasen sind in kleiner Zahl bisweilen sichtbar; anderes Wild findet sich hier überhaupt nicht. Am Nachmittage des 5. Dezember 1899 übte Huber an der Grenze der beiden Bezirke auf seinem Gebiete die Jagd aus. Zu diesem Zwecke hatte er zwei Jagdhunde, den einen im Werte von 300 ℳ, den andern im Werte von 400 ℳ, mitgenommen. Huber befand sich ganz nahe an der Grenze, nur einige Schritte von derselben entfernt. Beim Jagen gerieten die beiden Hunde des Huber aus dessen Jagdgebiet in das anstoßende des Mayer, hielten sich aber ebenfalls, laut jagend, ganz in der Nähe der Grenze, in einer Entfernung von etwa 30 Schritten. Huber rief die Hunde zurück. Sie folgten dem Rufe, gerieten aber bald wieder unter gleichen Verhältnissen und in gleicher Entfernung, in das Jagdgebiet des Mayer. Zu dieser Zeit befand sich hier der Jagdaufseher Fröhlich. Er war von Mayer beauftragt, fremde Hunde, welche er in dessen Jagdgebiet treffe, zu erschießen. Fröhlich gab aber gleichwohl zunächst in einer Entfernung von etwa 200 Schritten nur einen Schreckschuß ab, welcher genügte, um die Hunde zu verjagen. Diese kehrten indessen nochmals zurück, ohne jedoch weiter als bisher über die Grenze zu gelangen. Fröhlich wußte, daß Huber ganz in der Nähe war, und hatte ihn auch die Hunde zurückrufen hören und diese dem Rufe folgen sehen. Trotzdem gab er nunmehr aus einer Entfernung von nur 53 Schritt mit Schrot Nr. 4 Schüsse auf sie ab, welche den Tod der beiden Hunde zur Folge hatten. Der Wert der Hunde war ihm wohl bekannt.

Am 2. Februar 1900 erhob Huber, nachdem er einige Tage vorher gegen den Jagdaufseher Fröhlich Strafantrag wegen vorsätzlicher Sachbeschädigung gestellt hatte, gegen Mayer und Fröhlich Klage mit dem Antrage, die beiden solidarisch zu verurteilen, an Huber als Ersatz für den ihm durch die Tötung der Hunde entstandenen Schaden den Betrag von 700 ℳ mit Zinsen zu 5 % vom Tage der Klage zu bezahlen.

Die Beklagten bestritten die Entschädigungspflicht, da Fröhlich zur Tötung der Hunde berechtigt gewesen sei und insbesondere in Notwehr gehandelt habe. Auch die solidarische Verpflichtung der Beklagten und das Zinsbegehren in der bezeichneten Höhe wurden bestritten. Hienach wurde die kostenfällige Abweisung der Klage beantragt.

II.

Am 20. September 1890 errichtete der Rentner Herrlich in Pirmasens ein eigenhändiges Testament, in welchem er seine Ehefrau als Universalerbin einsetzte und seinem Freunde, dem Kaufmanne Christian Michel, die Nutznießung eines in jener Stadt gelegenen Hauses, den Kindern des letztern, Oskar und Heinrich, aber das Eigentum des Hauses vermachte. Im Jahre 1896 wollte Christian Michel ein Darlehen aufnehmen. Er ersuchte deshalb den damals noch lebenden Herrlich, jenes Haus dem Darleiher als Unterpfand für das Darlehen zu bestellen. Herrlich kam diesem Ersuchen nach, lehnte jedoch die Übernahme einer persönlichen Verbindlichkeit ab. Im Jahre 1899 starb Herrlich, ohne daß er das im Jahre 1890 errichtete Testament abgeändert hatte. Nach dem Tode des Herrlich — im August 1899 — wurde die Schuld des Christian Michel fällig und leitete der Gläubiger im Dezember die Zwangsvollstreckung in das verpfändete Haus ein. Heinrich Michel, welcher wegen des mittlerweile erfolgten Ablebens seines Bruders der alleinige Eigentümer des vermachten Hauses geworden war, sowie auch Christian Michel als Nutznießer dieses Hauses erhoben nun gegen die Witwe Herrlich als Universalerbin ihres Mannes im Januar 1900 Klage, in welcher sie unter Bezugnahme auf Art. 871 und 874 des pfälzischen Civilgesetzbuchs den Antrag stellten, die Witwe Herrlich zu verurteilen, das fragliche Haus von der darauf ruhenden Pfandlast frei zu machen. Die Beklagte bestritt, hiezu verpflichtet zu sein, indem sie sich auf die Bestimmungen des pfälzischen Civilgesetzbuchs über die Partikularvermächtnisse bezog, und beantragte die Abweisung der Klage.

III.

Theodor Wolf und Elisabetha Maier in Zweibrücken verheirateten sich im September 1896 ohne Errichtung eines Ehevertrags. Elisabetha Wolf brachte nebst barem Gelde und anderen beweglichen Sachen in Öl gemalte Bilder ihrer Großeltern, welche ihr von ihren Eltern zum Andenken geschenkt worden waren, mit in die Ehe. Theodor Wolf hatte ein Haus, Wertpapiere und ebenfalls bares Geld eingebracht. Im Mai 1900 starb Theodor Wolf. Bei der Auseinandersetzung in Ansehung seines Nachlasses und des Gesamtgutes ergab sich ein Streitpunkt. Die Witwe Elisabetha Wolf behauptet, daß die Ölgemälde ihrer Großeltern zu ihrem eingebrachten Gute gehören, während die andern Beteiligten aufstellen, daß jene Gemälde nach ihrer Natur Bestandteile des Gesamtgutes seien.

Wie sind die drei Streitfälle zu entscheiden?

Die Antworten sind zu begründen. In der Begründung ist auszuführen, welches Recht zur Anwendung gelangt. Insbesondere ist für den Fall, daß mit dem 1. Januar 1900 eine Änderung der in Betracht kommenden Gesetzesvorschriften eingetreten ist, auszuführen, ob und inwieweit das neue oder das frühere Recht anzuwenden ist. Soweit hienach das frühere Recht anzuwenden ist, soll ferner gesagt werden, wie zu entscheiden wäre, wenn das neue Recht angewendet werden müßte.

Bonschab, Fr., Direktor der Bayer. Landwirtschaftsbank, **Das Reichsgesetz, betr. die Erwerbs- und Wirtschaftsgenossenschaften,** vom 1. Mai 1889. In der Fassung des gemäß Art. 13 des Einführungsgesetzes zum Handelsgesetzbuch vom 10. Mai 1897 revidierten Textes. 8°. (VIII, 134 S.) 1899. Gebunden **Mk. 3.—.**

Bonschab, Fr., Hypothekenbankgesetz vom 13. Juli 1899. Handausgabe mit Erläuterungen und ausführlichem Sachregister. 8°. (VIII, 69 S.) 1899. Geb. **Mk. 1.80.**

Bonschab, Fr., Gesetz betr. die gemeinsamen Rechte der Besitzer von Schuldverschreibungen. Handausgabe mit Erläuterungen und ausführlichem Sachregister. 8. (XII, 35 S.) 1900. Geb. **Mk. 1.—.**

Singer, A., K. Amtsrichter in Neu-Ulm, **Die Verrichtungen des Vormundschafts- und des Nachlaßgerichts.** Nach dem bürgerl. Gesetzb. u. d. Nebengesetzen unter besonderer Berücksichtigung der bayer. Ausführungsbestimmungen in alphabetischer Ordnung dargestellt. 8°. (VII, 163 S.) 1900. In Ganzleinen gebunden **Mk. 3.40.**

Gebhard, K., K. Landger.-Rat **Die Hypothekenbuchsbereinigung** im rechtsrhein. Bayern u. d. künft. Grundbuch gegenüber dem jetzigen Hypothekenbuch. gr. 8°. (VIII, 220 S.) 1897. Brosch. **Mk. 4.—,** gebd. **Mk. 5.—.**

Keidel, Fr., K. Amtsrichter, **Hypothekenbucheinträge u. Vollzugsbestätigungen** nach den Bestimmungen des bayerischen Hypothekenrechtes. (Anleitung zu den Einschreibungen im Hypothekenbuch und den Bestätigungen hierüber nach den bestehenden Gesetzen und Verordnungen nebst einer Sammlung von Beispielen.) gr. 8°. (VIII, 136 S.) 1896. **Mk. 2.50.**

Staudinger, Dr. Jul. v., K. Geh.-Rat und Senatspräsident a. D. **Vorträge aus dem Gebiete des Bürgerlichen Gesetzbuches für Verwaltungsbeamte.**
8°. (XII, 616 Seiten). 1900. Gebd. in Leinw. **Mk. 10.50.**

☛ Empfohlen im Amtsblatt des K. Staatsministeriums des Innern Nr. 46 vom 27. Okt. 1899 und Nr. 37 vom 1. August 1900.

Lindner, F., K. Oberamtsrichter und **Dr. Th. von Hauck,** Königl. Oberstaatsanwalt a. D. am Verwaltungsgerichtshofe. **Erläuterungen zur Bayer. Gemeindeordnung** für die Landesteile diesseits des Rheins. **Dritte** nach dem neuesten Stande der Gesetzgebung bearbeitete **Auflage.**
gr. 8° (VIII u. 650 S.) Brosch. **Mk. 7.50,** gebd. **Mk. 8.50.**

☛ Empfohlen im Amtsblatt des K. Staatsministeriums des Innern Nr. 63 vom 31. Dez. 1900, desgleichen im Justizministerialblatt Nr. I vom 9. Januar 1901.

Roth, Dr. Chr., Sonntagsfeier und Sonntagsruhe in Bayern unter Berücksichtigung der einschlägigen Gesetze und Verordnungen ꝛc.
8°. (VIII u. 176 Seiten.) 1899. Kart. **Mk. 2.50.**

☛ Empfohlen im Amtsblatt des K. Staatsministeriums des Innern Nr. 30 vom 31. Juli 1899, desgleichen im Justizministerialblatt Nr. XI vom 21. August 1899.

Rauck, A., K. Ministerialrat im K. Staatsministerium des Innern. **Das Berggesetz für das Königreich Bayern** vom $\frac{\text{29. III. 1869}}{\text{30. VI. 1900}}$ in der Fassung der Bekanntmachung vom 20. VII. 1900 nebst der Verordnung vom 30. VII. 1900, **die Organisation und Wirkungskreis der Bergbehörden betreffend, und den oberbergpolizeil. Vorschriften** vom 30. VII. 1900. Handausgabe mit Erläuterungen, systemat. Inhaltsverzeichnis u. ausführl. Sachregister.
8°. (VIII, 294 Seiten.) In Ganzleinen geb. **Mk. 6.—.**

☛ Empfohlen im Amtsblatt des K. Staatsministeriums des Innern Nr. 46 vom 1. Okt. 1900, desgleichen im Justizministerialblatt Nr. XXXII vom 13. November 1900.

J. Schweitzer Verlag (Arthur Sellier) München

Jaeger, Dr. Ernst, Professor in Würzburg. **Das Bürgerliche Gesetzbuch mit Nebengesetzen** und einem Gesammtregister für den akademischen und praktischen Gebrauch.

Ausgabe für das Königreich Bayern.

gr. 8° (1400 Seiten). Elegant in soliden Halbfranzband gebd. **Mk. 10.50.**

In diesem Werke sind 51 Gesetze ꝛc. enthalten, darunter folgende: Bürgerliches Gesetzbuch — Einführungsgesetz — Gerichtsverfassungsgesetz — Civilprozeßordnung — Konkursordnung — Anfechtungsgesetz — Zwangsversteigerungsgesetz — Grundbuchordnung — Freiwillige Gerichtsbarkeit — Haftpflichtgesetz — Personenstandsgesetz — Gesetz, betr. die Abzahlungsgeschäfte — Wuchergesetz — Verordnung, betr. die Hauptmängel und Gewährfristen beim Viehhandel — Handelsgesetzbuch mit Einführungsgesetz — Wechselordnung — Erwerbs- und Wirtschaftsgenossenschaften — Gesellschaften mit beschr. Haftung — Binnenschiffahrt — Flößerei — Börsengesetz — Depotgesetz — Hypothekenbankgesetz — **Bayerische Ausführungsgesetze:** Gesetz, das Unschädlichkeitszeugnis betreffend — Liegenschaftsrecht in der Pfalz — Ausführungsgesetz zum B G.B. — Uebergangsvorschriften zum B.G.B. — Notariatsgesetz — Hinterlegungsordnung — Zuständigkeitsverordnung — Gesammt-Register.

Die Vorzüge dieser Ausgabe sind praktische Anlage, vollständig korrekter Gesetzestext, deutlicher Druck, elegante Ausstattung, handliches Format und außerordentlich billiger Preis.

Empfohlen im Justizministerialblatt Nr. XXV. vom 31. Juli 1900.

Vom kgl. bayer. Staatsministerium der Justiz wurde die Sammlung als Hülfsmittel bei der ersten juristischen Prüfung an den Landesuniversitäten angeschafft.

Meikel, G., k. Amtsrichter. **Bayerische Ausführungsgesetze** zum **Bürgerlichen Gesetzbuche,** zur **Civilproceß-Ordnung** und zum **Gerichtsverfassungsgesetze** mit Wiedergabe der citirten Paragraphen, Anmerkungen, Vollzugsvorschriften und einem Gesammtregister.

1./5. Lieferung. (25 Bogen.) **Mk. 4.—.**

Die Schluß-Lieferung erscheint in Kürze.

Der Umfang des ganzen Werkes wird etwa 40 Druckbogen, der Preis ca. **Mk. 6.—** betragen.

FSC
www.fsc.org
MIX
Papier | Fördert
gute Waldnutzung
FSC® C083411

Kolibri 360 GmbH
Ferdinand-Jühlke-Straße 7
99095 Erfurt, Deutschland
produktsicherheit@kolibri360.de